ELOGIOS PARA *AYUNAR PARA AVANZAR*

«*Ayunar para avanzar* es una obra oportuna para la iglesia en un momento que es a la vez de gran crisis y de gran oportunidad. ¡El futuro pertenecerá a aquellos que están totalmente comprometidos con el Señor! El Dr. Wilson presenta enseñanzas claras y ejemplos poderosos que apuntan a la realidad de que el ayuno es uno de los mayores regalos dados a la Iglesia para sensibilizar nuestros corazones, llenarnos de fe y activarnos en la voluntad de Dios».

Andy Byrd
YWAM Kona y The Send

«El ayuno es una de las disciplinas espirituales más malentendidas y descuidadas. En *Ayunar para avanzar,* descubrirás las razones bíblicas y los beneficios de esta práctica. Este libro te ayudará a construir tu fe y tu intimidad con Dios».

Christine Caine
Fundadora de A21 y Propel Women

«El ayuno es una disciplina espiritual que fácilmente puede pasarse por alto en el mundo de hoy, que tiende a la sobreindulgencia, pero que debería desempeñar un papel importante en la vida de los creyentes cristianos. En su libro, *Ayunar para avanzar,* mi amigo, el Dr. Billy Wilson, comparte una rica sabiduría con una visión práctica sobre la disciplina del ayuno. Él explica elocuentemente cómo, en una cultura de ritmo acelerado, podemos remontarnos a nuevas alturas al desacelerar y tomarnos el tiempo para enfocar nuestra atención en el Señor. Esta es una lectura transformadora que todo aquel que desee fortalecer su caminar con Dios y profundizar en la disciplina del ayuno debe leer».

Dr. Rick Warren
Autor de *Una vida con propósito*

«Me encanta este libro, *Ayunar para avanzar*, del Dr. Billy Wilson. Esta última obra sobre la disciplina espiritual del ayuno por el presidente de una de las universidades cristianas más prestigiosas del mundo demuestra una vez más que el ayuno no solo resulta provechoso para cada creyente, sino que también resiste el análisis del rigor académico en los venerados pasillos de nuestras universidades más prestigiosas».

Jentezen Franklin
Pastor principal de Free Chapel
Autor de *best sellers* del *The New York Times*

«En su libro, *Ayunar para avanzar*, el Dr. Billy Wilson expone hábilmente una visión sobre la importancia del ayuno y el papel que debe desempeñar en la vida de cada creyente. Con consejos prácticos y una sólida enseñanza bíblica, este libro será útil para quienes son nuevos en el ayuno o para quienes llevan años practicando esta disciplina. Si deseas aprender más sobre el ayuno, fortalecer tu relación con Dios y acercarte a Él de formas nuevas, ¡este libro es para ti!».

Russell Evans
Pastor principal global de Planetshakers Church

«En esta guía invaluable, el Dr. Billy Wilson se basa en décadas de experiencia ministerial para proporcionar sabiduría práctica e inspiración para el ayuno. Combinando principios bíblicos, historias personales y perspectivas globales, este libro te motivará a abrazar el ayuno como un catalizador transformador para el crecimiento espiritual y el avivamiento. Esta es una lectura esencial para todo creyente que anhela más de la presencia y el poder de Dios».

Dr. Wayne Hilsden
Cofundador de King of Kings Community, Jerusalén.
Presidente de Fellowship of Israel Related Ministries (FIRM)

«El ayuno es una de las disciplinas más poderosas pero menos practicadas en la iglesia hoy en día. Hace unos diez años, descubrí personalmente los efectos transformadores del ayuno en cada área de mi vida. Abrió más perspectivas de encuentros espirituales y una relación más profunda con Jesús a través del Espíritu Santo de lo que jamás había experimentado. A lo largo de los años que llevo conociendo al Dr. Wilson, su dedicación a estar en sintonía con lo que Dios está hablando en su vida ha sido inspiradora. En *Ayunar para avanzar*, el Dr. Wilson comparte principios y experiencias personales que te fortalecerán e inspirarán a priorizar la disciplina espiritual del ayuno de un modo nuevo. Su conocimiento y sabiduría sobre este tema son evidentes en cada página, y su excelente trabajo desarrolla los principios necesarios para un ayuno que transforma la vida. *Ayunar para avanzar* será valioso para cualquiera que busque una mayor intimidad con Dios y para quienes desean vivir una vida empoderada por el Espíritu».

Dr. Rob Hoskins
Presidente de OneHope

«En la urgencia de estos días, *Ayunar para avanzar* del Dr. Billy Wilson no podría ser más oportuno. En un mundo que anhela profundidad espiritual, este libro proporciona una guía para la generación Z y para quienes buscan la presencia de Dios. Con capítulos esclarecedores sobre los principios, prioridades y potencialidades del ayuno, este libro equipa a los evangelistas para encender un avivamiento y mantener una relación profunda con el Señor. La sabiduría y la pasión del Dr. Wilson brillan y hacen de este libro un recurso indispensable para quienes anhelan "más de Dios". ¡Prepárate para encender el fuego de Dios dentro de ti mientras aceleras tu jornada a través del ayuno!».

Nathan Morris
Fundador y presidente de Shake the Nations Ministries

«En este libro, el Dr. Billy Wilson explica de manera muy clara, sistemática y exhaustiva el significado del ayuno y todos los aspectos relacionados. Estoy de acuerdo y creo, como alguien que ha ayunado regularmente durante muchos años, tanto en el ámbito personal como colectivo con trabajadores, miembros de mi iglesia y otras iglesias denominacionales, que esta es una práctica muy importante si queremos ser sensibles a escuchar la voz de Dios, hacer su voluntad y experimentar grandes cosas en nuestras vidas y ministerios. Oro para que, a través de este libro, haya muchos siervos de Dios e iglesias que experimenten avances sobrenaturales y se levanten para cumplir la Gran Comisión en la era del Tercer Pentecostés antes de la segunda venida del Señor Jesús».

Dr. Niko Njotorahardjo
Pastor principal de Gereja Bethal (Indonesia)

«Siempre que mi amigo, el Dr. Billy Wilson, habla, yo escucho. Y siempre que escribe, yo leo. Billy es una de las voces más influyentes en mi vida y en el cuerpo de Cristo hoy día. He estado ayunando regularmente durante más de treinta años, pero este libro me desafió, me convenció y me inspiró de maneras que no esperaba. *Ayunar para avanzar* te moverá a abrazar una vida más profunda de ayuno. Oro para que lo leas, lo apliques y coseches las abundantes bendiciones del ayuno».

Brian Alarid
Presidente de World Prays.
Presidente de Pray For All

«El Dr. Billy Wilson ha escrito magistralmente un libro sobre el ayuno que trasciende la edad y el tiempo. Su sabiduría y práctica de la antigua disciplina del ayuno, expuestas en *Ayunar para avanzar*, guían a los lectores a través de la profunda práctica del ayuno para profundizar en su conexión con Dios. Sus palabras resuenan con sinceridad y una vida de experiencia, y ofrecen una guía práctica que responde a preguntas y proporciona conocimientos sobre el crecimiento espiritual. Este libro es una fuente de inspiración, un testimonio de la devoción inquebrantable del Dr. Wilson, y una lectura obligada para todos los que buscan una comprensión más profunda de su fe».

Pastor Glyn Barrett
Pastor principal de Audacious Church.
Líder nacional de las Assemblies of God Great Britain

«A menudo, los mayores desafíos traen las mayores recompensas. Esto se describe bellamente en el libro *Ayunar para avanzar* del Dr. Billy Wilson. Con honesta transparencia, comparte no solo su experiencia personal con el ayuno, sino que también describe claramente la solidez de esta simple verdad en su ministerio actualmente. Con detalles reveladores, el Dr. Wilson anima a todo lector a beneficiarse de este principio bíblico que desarrolla la fuerza espiritual, tanto para creyentes nuevos como para experimentados.

»Personalmente, durante momentos críticos en mi ministerio, así como para mantener mi fuerza diaria, la oración y el ayuno han sido un apoyo confiable. Así que, con toda confianza, le recomiendo sinceramente este libro para una primera lectura, así como para referencias sucesivas en su propio desarrollo espiritual».

Dr. Tony D. Stewart
Asistente al supervisor general de la Church of God, Cleveland (Tenessee)
Pastor Principal de City Life Church, Tampa (Florida)

«El ayuno es una disciplina esencial para todo cristiano que desea humillarse y que anhela más de Dios y su gloria. Es una gran manera de crucificar la carne y ser dirigido por el Espíritu Santo. El ayuno es transformador y facilita nuestro acceso a las realidades del mundo espiritual, especialmente el Reino de Dios, que no se compone de palabras, sino de una demostración de poder. Durante años, he ayunado durante un día completo cada semana, así como incluyo períodos más largos durante el año, que fortalecen mi vida espiritual. Doy gracias a mi amigo, el Dr. Billy Wilson, por escribir *Ayunar para avanzar*, que es un libro increíble que ayudará a todos a practicar un estilo de vida poderoso de una manera no legalista, sino llena de gracia para recibir beneficios divinos que solo se pueden adquirir de esta manera».

Jean-Luc Trachsel
Presidente de Jean-Luc Trachsel Ministries y de
The International Association of Healing Ministries (IAHM)
Fundador de Europe Shall Be Saved (ESBS)

«Honro al Dr. Wilson y valoro cómo llama al cuerpo de Cristo a regresar a las "primeras cosas", que incluyen oración, ayuno, empoderamiento del Espíritu y la misión de Dios. *Ayunar para avanzar* refuerza lo primordial y necesario para la iglesia de hoy».

Dr. David Wells
Superintendente general de The Pentecostal Assemblies of God

«El ayuno es un elemento crítico de una vida cristiana entregada, y la presentación de Billy Wilson sobre el tema es excepcional. *Ayunar para avanzar* es una inmersión aún más profunda en una disciplina espiritual que, desde mi observación personal, proviene del corazón de un siervo ungido».

Dr. Tim Hill
Supervisor estatal y obispo administrativo de la Church of God en Tennessee

«He leído muchos libros sobre el ayuno, pero este es uno de los mejores. El Dr. Wilson tiene la capacidad de hablar directamente al corazón y hacer de este ejercicio espiritual algo asequible para todo creyente que desee experimentar una gran transformación y avance en su vida».

Dr. Cindy Jacobs
Fundadora de Generals International

«Con *Ayunar para avanzar,* mi amigo y mentor, el Dr. Billy Wilson, ofrece una respuesta bíblica para desatar el Cielo en la Tierra. En este libro, descubrimos que, a través de esta disciplina transformadora respaldada por Cristo, estamos listos para avanzar en la agenda del Reino de Dios con claridad y convicción».

Dr. Samuel Rodríguez
Presidente y CEO de la Conferencia Nacional Hispana de Liderazgo Cristiano

«En un mundo lleno de distracciones interminables y gratificaciones instantáneas, el libro del Dr. Wilson, *Ayunar para avanzar,* ofrece una invitación convincente para redescubrir el ayuno como un camino hacia una comunión más profunda con Dios. Este libro no solo informa, sino que inspira y equipa a los creyentes para abrazar el ayuno como una disciplina vital para el crecimiento y la renovación espiritual. Con profundas ideas y orientación práctica, *Ayunar para avanzar* desmitifica la práctica del ayuno, y la hace accesible y relevante para los creyentes de hoy. Prepárate para ser desafiado y transformado mientras te embarcas en este viaje de fe, entrega y avance espiritual».

Daniela Freidzon-McCabe
Pastora y conferenciante de la Iglesia Rey de Reyes

«*Ayunar para avanzar,* escrito por el presidente de ORU, Billy Wilson, es un libro que invita a la reflexión. En este libro, el Dr. Wilson plantea preguntas importantes que instan a los lectores a reflexionar sobre su fe y los milagros que no se manifestaron debido a la falta de oración y disciplina espiritual. La primera pregunta del Dr. Wilson nos invita a considerar las oportunidades perdidas que surgen cuando no oramos y buscamos la intervención de Dios en nuestras vidas. Nos desafía a imaginar cuántos milagros, tanto pequeños como significativos, podrían haberse producido si hubiéramos orado fielmente para que las promesas de Dios se manifestaran.

»La segunda pregunta planteada por el Dr. Wilson se centra en momentos decisivos que no ocurrieron por la falta de compromiso con prácticas espirituales como el ayuno. Destaca la importancia de arrodillarnos en oración en lugar de saciar nuestros estómagos. Al enfatizar la importancia de la oración y la negación de uno mismo, anima a los lectores a reconocer el potencial en cada momento de su ministerio que puede perderse debido a la complacencia espiritual. ¡Este es un llamado a la acción y una lectura obligada!».

Reggie Dabbs
The Youth Alliance

«Al explorar el poder transformador del ayuno en este libro, Billy Wilson profundiza en los beneficios y la profunda conexión espiritual fomentada a través de esta práctica bíblica. Argumenta de manera convincente sobre cómo la abstinencia no solo nutre el alma, sino que también fortalece el vínculo del creyente con el Señor, y abre puertas a un profundo crecimiento personal y espiritual».

Dr. Mike Rakes
Presidente de Evangel University

AYUNAR PARA AVANZAR

IMPULSANDO TU VIDA ESPIRITUAL MEDIANTE EL AYUNO

Otros libros de Billy Wilson
en inglés y español

As the Waters Cover the Sea: The Story of Empowered21
and the Movement It Serves
(escrito en conjunto con el fallecido Vinson Synan)
Fasting Forward: Advancing Your Spiritual
Life Through Fasting
Father Cry: Healing Your Heart and the Hearts of
*Those You Love**
Generation Z: Born for the Storm
*The Power of One: Reaching Every Person on Earth**

Clamor por un padre: sane su corazón
y el de aquellos a quienes ama
El poder de uno: alcanzar a cada persona del mundo

AYUNAR PARA AVANZAR

IMPULSANDO TU VIDA ESPIRITUAL MEDIANTE EL AYUNO

Dr. Billy Wilson

Empowered Books
Una imprenta de ORU Press
Tulsa, OK

Descargo de responsabilidad

Este libro ofrece una perspectiva espiritual sobre el ayuno y la oración. Gran parte de este material se basa en la experiencia personal del autor, quien no es médico y no ha intentado abordar los aspectos físicos y médicos del ayuno en profundidad. Al final del libro se incluye una bibliografía para quienes deseen profundizar en el tema. El autor recomienda que cualquier persona que desee comenzar un ayuno, consulte previamente con un médico para asegurarse de que no haya peligros físicos inminentes o restricciones de salud.

RECONOCIMIENTOS Y DEDICATORIA

Ayunar para avanzar nació en tiempos de intensa guerra espiritual y adversidad a lo largo de mi vida. La disciplina del ayuno me ha ayudado a encontrar la dirección de Dios durante los momentos más desafiantes del ministerio. Estoy eternamente agradecido por esta disciplina y por la gracia a la que me ha permitido acceder.

Cada vez que enseño sobre el ayuno a nuevas generaciones de jóvenes, encuentro un deseo mayor de aprender sobre esta disciplina y de comenzar a participar en ella de maneras más significativas. Las nuevas generaciones tienen hambre de Dios—tan hambrientas se hallan, que están dispuestas a prescindir físicamente del alimento para conectarse con Él de manera más profunda. No están satisfechas con conocer al Dios de sus abuelos o padres; quieren conocerlo como su Dios y el Dios de su generación. Este libro está dedicado a los cientos de miles de jóvenes a quienes he ministrado en mi vida: desde mis primeros días en el ministerio juvenil hasta púlpitos en noventa y ocho naciones del mundo y en la capilla y aula de la Universidad Oral Roberts, donde sirvo como presidente. Cada joven fue y es amado por un Dios que quiere conocer a cada uno de manera personal. También está dedicado a las nuevas generaciones que aún están por venir y que tendrán hambre por conocer al mismo Dios de la Biblia. Oro para que cada vez que un joven lea este libro, o parte de él, se encienda en su corazón una llama que no pueda ser apagada. Oro para que descubran el poder del ayuno de modo que acelere su vida espiritual y los empodere para cambiar el mundo.

La producción de cualquier libro requiere la colaboración de muchas personas para llevar las palabras escritas a una forma publicada. Son muchas las personas que han contribuido, aun en español, en este volumen. Quiero expresar mi gratitud a algunas de ellas aquí: Kay Horner, quien sirvió como mi pastora asociada y líder intercesora durante varios años, trabajó incansablemente en la edición inicial de cada oración y palabra. Pathway Press creyó en mí y en este proyecto mientras ayudaba a lanzarlo por primera vez en inglés. Alyssa Sanders, quien ha pasado innumerables horas revisando y refinando el manuscrito original en inglés. El Dr. Mark E. Roberts, quien editó este texto revisado en inglés, y Johnie Hampton y su equipo en Hampton Creative, quienes diseñaron una nueva y fantástica portada más trabajaron el diseño gráfico. La Junta de Síndicos de la Universidad Oral Roberts me ha apoyado en la búsqueda del tiempo necesario para esta revisión, y todo mi equipo de oficina me ha animado a publicar esta edición revisada en inglés y por primera vez en español. Un agradecimiento especial a mi amigo Mart Green por escribir el prólogo. Mart y yo hemos ayunado juntos muchas veces a lo largo de nuestro caminar, sirviendo en ORU y Empowered21, y hemos visto a Dios actuar.

También expreso mi más profunda gratitud a mis hijos, Ashley y Sara, junto con sus cónyuges, Jamie y Shaun, que me animan y me motivan en mi vida. Y a mis siete nietos, que son increíbles y hacen que la vida sea grandiosa: Ana, Aaron, Amelia, Abi, Sammy, James y Benjamin. Ellos alimentan mi corazón con un deseo abrumador de terminar bien, dejándoles un testimonio del poder y la presencia de Dios. Oro para que cada uno de ellos aprenda el poder del ayuno en su vida.

Finalmente, doy gracias a mi querida esposa, Lisa, con quien he estado casado durante más de cuarenta y cinco años, lo que significa que ha estado conmigo en cada momento de ayuno en mi vida, grande o pequeño. Ella me ha apoyado, me ha ayudado a cuidar de mi cuerpo y ha orado conmigo por la bendición de Dios mientras juntos buscábamos su rostro. El diseño perfecto de Dios para mí ha sido tener a Lisa a mi lado en todo momento. Es una esposa increíble, una madre fantástica y la mejor (¡y más bonita!) abuela del planeta Tierra. Gracias, Lisa, por tu aliento constante y diario. Siempre te amaré.

A mis lectores: mientras recorren estas páginas, mi oración es que se encienda en ustedes la llama de conocer al Dios vivo de manera más íntima y que se comprometan con la disciplina del ayuno con el fin de intimar con Él más profundamente. Que podamos, juntos, avivar nuestras vidas espirituales a través del ayuno.

CONTENIDO

El año era 1998, y yo indagaba sobre cómo ayunar durante cuarenta días. Recuerdo cuando me encontré lo «suficientemente desesperado» para intentar el ayuno. Era una de esas disciplinas que anteriormente no estaba en mi radar. Lo primero que quería hacer antes de embarcarme en ese trayecto era informarme sobre el tema. ¿Habría alguien que no solo conociera la teología del ayuno, sino que también tuviera una profunda experiencia y consejos prácticos al respecto? El número de libros que pude encontrar sobre el tema era escaso. Lo que necesitaba era un libro escrito en 1998. Si hubiera esperado unos años, ¡podría haber leído *Ayunar para avanzar*!

Conocí por primera vez a mi amigo Billy a mediados de la década de los ochenta cuando yo servía como director de un campamento juvenil estatal, y él lo hacía a escala internacional. Lo vi hacer la transición de ese rol a pastor, líder denominacional y ahora presidente de una universidad y director de la red más grande empoderada por el Espíritu. En todos sus roles, ha tenido un enfoque: la próxima generación. Para prepararse para el ministerio que Dios le ha encomendado, el Dr. Wilson ha cultivado regularmente la disciplina del ayuno. Desde ministrar a los *baby boomers* hasta la generación X, los mileniales y ahora la generación Z, el Dr. Wilson se ha adaptado y se ha dedicado a entender a la próxima generación. Puede ser difícil cambiar antiguas formas de pensar, pero es necesario para ministrar a un grupo de jóvenes emergentes. Con cada grupo, el Dr. Wilson se detuvo a aprender sobre esa generación y su singularidad. Mientras buscaba al Señor, ayunaba, y el fruto de esa disciplina es evidente en su vida. El ayuno no es solo una teoría para él, sino una experiencia vivida.

En *Ayunar para avanzar,* el Dr. Wilson conduce a sus lectores a una comprensión de los fundamentos bíblicos y los aspectos prácticos del ayuno. En este libro, te sumergirás profundamente en las Escrituras, mientras se comparten los propósitos del ayuno, que incluyen: arrepentimiento, preparación, revelación, liberación, restauración y recompensa. También habla de los «héroes de la fe» de la Biblia y de otros que abrazaron esta disciplina a lo largo de la historia cristiana.

El Dr. Wilson comparte con franqueza su primera experiencia de ayuno que, como nos ha podido suceder a muchos de nosotros, ¡no salió tan bien! Pero también comparte cómo no se rindió y cuán agradecido está por la disciplina del ayuno en su vida. Algunos de sus ayunos fueron de tan solo un día y otros tan largos como cuarenta días. Así como él lo ha hecho, aprenderás en *Ayunar para avanzar* cómo el ayuno te ayuda a desarrollar solidez interior y recibir mayor gracia.

El Dr. Wilson también comparte consejos prácticos sobre lo siguiente: ¿Por qué duele el ayuno? ¿Debo prepararme para un ayuno? ¿Qué sucede en mi cuerpo cuando ayuno? ¿Qué debo hacer durante el ayuno? Y, ¿cómo debo romper un ayuno? ¡Difícilmente encontrarás algo más práctico! Este libro te dará mayor confianza al entrar en tu experiencia de ayuno. De toda la gran enseñanza del libro, mi capítulo favorito es el siete. En él, el Dr. Wilson enseña a liberar el potencial del ayuno. Te conduce a través de las Escrituras para ver cómo el ayuno fue clave en las promesas y el poder de nuestros personajes bíblicos favoritos.

Estoy convencido de que no te topaste con este libro por casualidad. Si lo estás leyendo, procuras seriamente una comunión íntima con Dios Padre, Dios Hijo y Dios Espíritu Santo. ¡Y has llegado al lugar correcto! Este es el libro que desearía haber podido leer hace veinticinco años. Afortunadamente, se publicó por primera vez en 2005, y fue de gran ayuda para mí porque he realizado un ayuno prolongado cada año desde 1998. Me alegra que el Dr. Wilson haya decidido actualizar este recurso con nuevas ideas de sus muchos años de ayuno para que nuevas generaciones puedan aprender de ello. Este libro me ha ayudado a comprender mejor lo que el Señor ha logrado en mi vida durante mis períodos de ayuno.

¡Que tu aventura de ayuno te lleve a lugares en tu relación con el Señor que nunca imaginaste! Sin duda, puedes avanzar en tu vida espiritual a través del ayuno, y *Ayunar para avanzar* te ayudará en tu jornada espiritual.

Mart Green
Director de inversión ministerial de Hobby Lobby

Como presidente de la Universidad Oral Roberts (ORU), me siento honrado de impartir una clase cada semestre. En otoño, la clase se titula «Vida empoderada por el Espíritu», y generalmente está compuesta por nuestro grupo entrante de estudiantes de primer año y transferidos. Siempre es un grupo numeroso de estudiantes ansiosos por aprender, que en algunos años supera los novecientos. La clase está diseñada para ayudar a los estudiantes de ORU a tener un vocabulario compartido sobre la vida empoderada por el Espíritu y desafiarlos personalmente en su caminar con Cristo. Sin falta, cada año, las dos disertaciones más atractivas que doy tratan sobre el lenguaje de la oración, o hablar en lenguas, y sobre el ayuno. Cuando enseño sobre el ayuno, me sorprende la respuesta de los estudiantes. Se sientan en el borde de sus asientos (o al menos la mayoría lo hace), y después de clase forman una fila con una serie de preguntas sobre cómo involucrarse mejor en esta disciplina. Me ha sorprendido el interés constante por el ayuno entre los estudiantes de la generación Z. Tienen hambre de Dios y saben que el ayuno es una de las claves de Dios para una mayor intimidad con Él.

Debido a este interés continuo de las nuevas generaciones en el ayuno, y a la amplia hambre espiritual en el mundo, mi equipo y yo decidimos que deberíamos revisar y actualizar este libro, *Ayunar para avanzar,* que fue impreso por primera vez hace casi veinte años.

Cuando publicamos la primera edición de este libro, fueron unos días de guerra espiritual e intensa actividad ministerial. Dios preparaba mi corazón y mi vida para una nueva fase en mi ministerio, y el Señor usó el ayuno para moldearme. Ahora, después de veinte años, siento que mi necesidad de la gracia de Dios es mayor que nunca, y el ayuno continúa ayudándome a ubicar mi corazón para escuchar su voz. De todas las disciplinas espirituales, el ayuno ha cambiado probablemente mi vida más que ninguna otra. También ha sido la más difícil de practicar. Las lecciones en este libro se han actualizado con varias nuevas ideas que he adquirido a lo largo de los años. Oro para que estos principios y mi experiencia de vida te bendigan y fortalezcan mientras avanzas espiritualmente con *Ayunar para avanzar.*

Me sentí conducido a un estado de gran insatisfacción con mi propia falta de estabilidad en la fe y el amor. [...] A menudo me sentía débil en presencia de la tentación, y necesitaba con frecuencia llevar a cabo días de ayuno y oración, y pasar mucho tiempo revisando mi propia vida religiosa para poder retener esa comunión con Dios y ese vínculo con la verdad divina que me permitiría trabajar eficazmente para la promoción de avivamientos de religión.[1]

Evangelista Charles F. Finney

Él les dijo: «¿Podéis acaso hacer que los que están de bodas ayunen entre tanto que el esposo está con ellos? Pero vendrán días cuando el esposo les será quitado; entonces, en aquellos días, ayunarán».

Lucas 5:34–35

¿Hacer qué?
Algunas reflexiones sobre el ayuno

«¿**H**acer qué?». Recuerdo cómo las palabras de un ministro experimentado y exitoso resonaban en mi mente mientras le escuchaba hablar. Mi esposa, Lisa, y yo estábamos sentados durante un retiro de la iglesia. Era nuestro primer año de ministerio a tiempo completo, y teníamos un trabajo evangelístico que realizar. El retiro estaba especialmente diseñado para evangelistas que ministraban regularmente. Éramos unos jóvenes dinámicos y hambrientos de ver a Dios obrar en nuestras vidas. Cuando el ministro terminó de hablar, me pregunté si lo que estaba sugiriendo podría ser posible. Después de enseñar sobre el ayuno durante más de una hora, el ministro desafió a cada uno de nosotros a ayunar durante al menos diez días. Luego escuchamos testimonios de otros sobre lo que representó un ayuno de diez días en su caminar con Cristo.

Para alguien que rara vez había pasado un día sin comer al menos tres veces, sonaba absurdo que fuera a pasar diez días sin comida. Pensé: *Seguramente, Dios no espera este tipo de sufrimiento o compromiso de mi parte.*

Un llamado a ayunar

Mientras regresábamos a casa, no podía olvidarme de los testimonios que había escuchado. Mi corazón continuaba recordándome que, si quería nuevas bendiciones en mi ministerio, tendría que buscar a Dios de nuevas maneras. Dios me estaba llamando a ayunar.

Al reflexionar sobre mis primeros intentos de expresar mi hambre por Dios padeciendo hambre humana, me doy cuenta de que comenzar esta disciplina nunca es fácil. Aparentemente, cada vez que me preparaba para ayunar, algo interfería en ello. Mi horario cambiaba. Las demandas familiares aumentaban. O sucedía una crisis o alguna interrupción me convencía de que no era el momento de dejar de comer por un tiempo. Cuando finalmente decidí hacerlo, el dolor que experimenté en mi cuerpo me hizo desistir.

Mis primeros intentos de ayuno fueron patéticos. El autodescubrimiento siempre es uno de los subproductos de esta disciplina espiritual. Una de las primeras cosas que descubrí sobre mí mismo fue que era adicto a la comida. Desde el momento en que declaraba o comenzaba un ayuno, mi hambre crecía en oleadas de antojos, que muchas veces ahogaban mi deseo espiritual y resultaban en otro intento fallido de obediencia. En otras palabras, rompía mi ayuno prematuramente. Mi carne era más débil de lo que pensaba.

En mis intentos iniciales de ayuno, también descubrí que no solo tenía el potencial de hacer trampa, sino que las pasas, los caramelos, los cacahuates, el pan y cualquier otra cosa que mi cerebro identificaba como comida se convertían en objetos de obsesión para mi corazón engañoso. Recuerdo haber pensado en uno de esos primeros ayunos: *¿No tenía ya suficiente tentación en mi vida?* Los restaurantes, los refrigeradores, las tiendas de comestibles, las máquinas de barras de chocolate y los armarios de la cocina llamaban a mi carne como las sirenas de la mitología griega antigua. Aunque mi corazón había resuelto la cuestión, «¿Hacer qué?», mi carne no quería escuchar la respuesta.

Durante esos primeros años de lucha por buscar a Dios de esta manera, descubrí varias cosas:

1. *El ayuno se trata de integridad interna.* Representa un pacto momentáneo entre el Señor y mi corazón. Si rompía un ayuno antes de tiempo o hacía trampa, Dios no iba a matarme, pero mi autodescubrimiento de debilidad tenía que ser conquistado para poder vivir con integridad. La lucha entre la carne y el espíritu nunca sería más fuerte que al intentar comenzar y justo después de terminar un ayuno.

2. *El ayuno posiciona mi corazón para recibir mayor gracia del Señor, así que un fracaso en el ayuno puede evitar la gracia que necesito para ejecutar mi misión efectivamente.* Con el tiempo, descubrí (y sigo descubriendo) que cuando el Espíritu Santo me presionaba para ayunar, Él intentaba prepararme para lo que estaba por venir. Si yo ganaba la victoria de la obediencia durante el ayuno, sería testigo de la victoria que Él deseaba para mí más tarde. Este concepto se ilustra cuando el Espíritu Santo dirigió a Jesús al desierto durante un período de ayuno de cuarenta días. Jesús ya estaba ungido, ya estaba preparado para el ministerio, pero la victoria sobre su carne y Satanás obtenida en el desierto llevaría a Jesús a una nueva dimensión en su ministerio público. El triunfo en la batalla privada significaría bendición en la arena pública. Eso mismo es cierto en nosotros.

3. *El ayuno es un ejercicio espiritual, y me vuelve más fuerte cada vez que lo ejercito.* Cada ayuno trae nuevas dificultades, desafíos inesperados y nuevas oportunidades para aprender del Espíritu

Santo. Aprender esta disciplina fue parte de mi discipulado. Más importante que aprender sobre la disciplina del ayuno, fue aprender sobre el objeto de mi hambre espiritual y su relación conmigo.

4. *Miles de otros cristianos han recorrido este camino antes que yo.* Muchos hombres de Dios poderosos y ungidos pagaron el precio, participando consistentemente en la disciplina del ayuno.

- Savonarola, un monje y predicador florentino del siglo quince, ayunaba regularmente, y muchas personas llenaban las catedrales para escucharlo denunciar el pecado de su época.[2]

- Martín Lutero, el gran reformador del siglo dieciséis, ayunó durante días mientras traducía la Biblia.[3]

- Juan Wesley, el padre del metodismo, ayunaba dos días cada semana: miércoles y viernes.[4]

- Jonathan Edwards, siendo un poderoso líder del Primer Gran Despertar en América, ayunaba. No comió ni durmió durante tres días antes de su famoso sermón «Pecadores en las manos de un Dios airado». Fue tan poderoso que las personas se aferraban a los respaldos de los bancos por miedo a caer en el infierno. Durante su ministerio, clamó muchas veces: «Dios, dame a Nueva Inglaterra».[5]

- El gran predicador Charles Spurgeon una vez anunció: «Nuestros períodos de ayuno y oración en el tabernáculo han sido días elevados; de hecho, nunca se ha abierto la puerta del cielo más ampliamente; nuestros corazones nunca han estado más cerca de la gloria central».[6]

En tiempos más recientes, ministros famosos como Bill Bright, Reinhard Bonnke y Billy Graham han participado en la disciplina del ayuno.

El poder del Espíritu y el ayuno que empodera

Los líderes del pentecostalismo inicial se dedicaron a esta disciplina. El ayuno fue uno de los catalizadores del avivamiento en la calle Azusa y el derramamiento del poder pentecostal, que tuvo lugar en Los Ángeles en 1906. Azusa se convirtió en uno de los mayores avivamientos en la historia cristiana y es clasificado por algunos como el evento religioso más significativo en el mundo desde la Reforma.[7] Personas de todo el mundo visitaron el avivamiento, que se llevó a cabo en un antiguo establo de caballos en Los Ángeles. Los servicios se realizaban a lo largo del día y cientos de personas experimentaban poder sobrenatural y el bautismo del Espíritu Santo.

Algunos historiadores creen que William Seymour y Edward Lee iban por su tercer día en un ayuno de diez días cuando Lee recibió el bautismo del Espíritu con la evidencia de hablar en lenguas. Cuando Lee dio su testimonio, en una reunión de oración esa misma noche sobre su experiencia, otras siete personas comenzaron a hablar en una lengua «celestial», y el fuego del avivamiento se encendió. El mismo Seymour recibió el don del Espíritu Santo durante esos mismos diez días.

Glen Cook, uno de los participantes originales en el avivamiento de la calle Azusa, conoció a Seymour personalmente. Cook comentaba sobre el líder negro del avivamiento: «Yo tenía una habitación contigua a la del hermano Seymour. Sé que el hermano

Seymour, quien fue el líder del grupo de Azusa, ayunaba durante semanas y solo comía ocasionalmente. Hubo mucho ayuno y oración en esos días, y creo que podríamos tener otro Azusa hoy día si el pueblo de Dios se dedicara a orar con fervor y a ayunar».[8]

Otro participante y testigo del avivamiento de la calle Azusa expresó: «Simplemente esperaban al Señor en ayunos, oración y la unidad del Espíritu. Cuando el Espíritu Santo hablaba y se movía, ellos se movían. El Espíritu Santo era su líder, y cuando el Espíritu ungía, entonces esa persona hablaba. El Espíritu Santo se manifestaba, y esto se logró a través de una intensa cercanía y comunión con Dios, olvidando la comida y sus preocupaciones. Solo bebíamos de la Fuente del Espíritu».[9]

Pioneros pentecostales notables como A. J. Tomlinson, Aimee Semple McPherson, F. J. Lee, Kathryn Kuhlman, Smith Wigglesworth, Oral Roberts y muchos otros se dedicaron al ayuno. Roberts enseñó que era importante ayunar regularmente y escribió: «Aunque Dios me dijo que era un vaso elegido [...], yo tenía que ayunar y orar de una manera especial antes de que su poder se mostrara a través de mí. Ahora tengo días de ayuno regulares. No hay otra manera».[10]

Durante los últimos casi ciento veinte años desde el derramamiento de la calle Azusa, los movimientos pentecostales y carismáticos han experimentado oleadas de énfasis en la disciplina del ayuno. El siglo veintiuno ha estado marcado especialmente por un énfasis creciente en la disciplina del ayuno. Las iglesias de todo el mundo han participado e iniciado ayunos comunitarios de siete, diez, veintiuno e incluso cuarenta días. Cada año, miles de congregaciones comienzan el nuevo año con una temporada de búsqueda de Dios que incluye el ayuno. Grandes eventos en estadios se han centrado no solo en la oración, sino también en el ayuno como una forma de cambiar la historia. Recuerdo hace años estar postrado en el suelo en el Mall de Washington D.C. en ayuno y oración durante un evento CALL dirigido por Lou Engle. Miles de jóvenes se reunieron en oración y ayuno por un avivamiento y para cambiar la nación espiritualmente. Uno de nuestros puntos de enfoque para el ayuno era que la decisión Roe vs. Wade, que legalizaba el aborto en nuestra nación, se revirtiera. Aunque pasaron muchos años, Dios escuchó el clamor de miles de personas que ayunaban y oraban en nuestra generación, y la Corte Suprema anuló Roe vs. Wade el 24 de junio de 2022, en una decisión de 6-3.[11]

> *El hambre espiritual es respondida con manifestaciones espirituales durante nuestro tiempo como en el pasado.*

Docenas de otras convocaciones al ayuno a gran escala continúan ocurriendo cada año en todo el mundo. Creo que este aumento del ayuno se relaciona con el nuevo avivamiento que estamos viendo a escala global.

Una temporada de ayuno

Hubo una temporada de énfasis en el ayuno alrededor de cuarenta años después del avivamiento de la calle Azusa. Franklin Hall, en su libro *The Fasting Prayer* [La oración de ayuno], comparte un relato de la hermana Sommerville, quien participó en un ayuno prolongado, uno de los cuales duró sesenta y dos días consecutivos, durante los cuales solo bebió agua. Sommerville relató varias cosas sobre ese ayuno en sus memorias:

> *Fui a North Hollywood, a la gran carpa cerca del estudio de Universal Pictures. Había estado en la tarima gritando y danzando en el Espíritu; lo siguiente que supe fue que estaba fuera de la gran tarima con mis manos sobre una persona enferma que estaba en una silla de ruedas, y el Señor la sanó. Esto fue en mi cincuentavo día de ayuno. Cómo llegué allí, no lo sé. Me dijeron que tenía más energía y estaba más activa que otra persona que hubiera estado comiendo.*
>
> *Fue tan maravilloso que no quería volver a comer. La experiencia fue celestial. Si el cielo fuera aún más maravilloso, no podría soportarlo. Sería imposible expresarlo en palabras. Es una experiencia que uno debe experimentar por sí mismo. A veces, no quería ver ni estar con nadie, excepto Jesús. El ayuno es una verdad oculta que todos podemos descubrir, gracias a Dios.*
>
> *Los ayunos cortos de dos o tres días que he realizado en el pasado no son ayunos en absoluto, comparados con uno largo. No puedes entender lo que un ayuno largo puede producir hasta que penetras esos poderes de oscuridad por medio de la oración y el ayuno durante un largo tiempo. Cada día, el éxtasis celestial, la alegría de Jesucristo, era tan real. Lo extraño del ayuno fue que me volvía más y más fuerte.*[12]

Una vez más, esto fue escrito después de sesenta y dos días de ayuno con solamente agua. La experiencia de la hermana Sommerville se ha replicado miles de veces en todo el mundo a medida que la gente experimenta la comunión sobrenatural que solo es posible a través de ayunos prolongados.

He tenido el honor de presenciar de cerca y ser testigo de esta hambre espiritual con esos mismos resultados en la iglesia global. Durante muchos años, al principio de mi ministerio, cuando iba a América Latina o África y presenciaba el poder de Dios derramándose de manera extraordinaria, creía que eso era simplemente el movimiento soberano del Espíritu de Dios sobre grupos de personas del mundo. Eso es parcialmente cierto, pues Dios está derramando su Espíritu sobre toda carne. Sin embargo, comencé a descubrir que Dios no solo está derramando soberanamente su Espíritu, sino que lo hace en respuesta a la desesperación de su pueblo. Numerosas veces he sido testigo de predicadores «flacos» que asisten a mis reuniones en apoyo a nuestros esfuerzos.

Cuando les pregunté descubrí que algunos de ellos habían ayunado veintiún días seguidos solo por los días de campaña que tendría. Ellos no eran los predicadores, no subían a la tarima, no se destacaban durante las reuniones, pero tenían hambre de la presencia y el poder de Dios. ¡No es de extrañarse que viéramos conversiones significativas, milagros y grandes liberaciones! Sí, Dios es soberano al derramar su Espíritu, pero Dios también responde a la desesperación de su pueblo.

¿Qué tal si...?

¿Qué pasaría en tu iglesia si la insatisfacción por un ministerio infructuoso se convirtiera en una búsqueda radical del Señor? ¿Qué pasaría en tu vida si ayunaras y oraras como siempre has soñado que deberías hacer? ¿Qué podría suceder entre los creyentes empoderados por el Espíritu de hoy si volviéramos a la misma profunda pasión que cautivó a nuestros antepasados por el Espíritu de Dios? ¿Qué podría pasar si tú y yo nos unimos en un ayuno bíblico? Yo lo anhelo. Quiero buscar su rostro más que nunca, incluso en esta temporada de mi vida.

Desde ese primer año de ministerio a tiempo completo, he sido desafiado a buscar al Señor a través del ayuno. Más de cuarenta años después de ese retiro, puedo testificar personalmente que el ayuno es una de las cosas más poderosas y transformadoras que he intentado. Durante esos años, he ayunado de diversas maneras: ayunos de un día, tres, siete, diez, catorce y veintiún días, además de varios ayunos de cuarenta días. Esta disciplina me ha traído belleza y quebranto, dolor y poder, limpieza y cercanía, liberación y angustia, herida y esperanza. Sobre todo, la respuesta a mi pregunta de «¿hacer qué?» me ha acercado más a Jesús, y eso ha valido la pena.

> *Dios es soberano al derramar su Espíritu, pero Dios también responde a la desesperación que su pueblo expresa.*

Capítulo 1: Preguntas para la reflexión

1. ¿Has encontrado difícil practicar la disciplina del ayuno? ¿Qué excusas te han impedido ayunar?

2. ¿Alguna vez has comenzado un ayuno pero no lo has completado? ¿Qué razones te condujeron a que rompieras tu ayuno antes del tiempo comprometido?

3. ¿Qué planes futuros tiene Dios para ti que podrían requerir que ayunes para prepararte?

4. ¿Alguna vez has experimentado una situación en la que Dios actuó debido a tu ayuno?

5. ¿Alguna vez has considerado cómo tu vida, tu caminar con Dios y tu ministerio podrían transformarse al dedicar más tiempo a esta disciplina?

Si dices «ayunaré cuando Dios me lo indique»,
nunca lo harás. Eres demasiado frío e indiferente.
Toma el yugo sobre ti.[1]

D. L. Moody

Proclamad el ayuno, convocad la asamblea,
congregad a los ancianos
y a todos los moradores de la Tierra
en la casa de Jehová, vuestro Dios,
y clamad a Jehová.
¡Ay del día!,
porque cercano está el día de Jehová;
vendrá como destrucción
de parte del Todopoderoso.

Joel 1:14–15

Dame una buena razón para ayunar
(¿qué tal seis?)

Quizás estés buscando una buena razón por la cual deberías participar en esta disciplina. En este capítulo, daré seis propósitos diferentes para el ayuno según se revela en la escritura. Esta lista no será exhaustiva. Hay muchos propósitos para el ayuno más allá de los que estudiaremos. He elegido estos seis puntos porque nos llevarán a estudiar algunos de los ejemplos bíblicos que han dado propósito a mi ayuno a lo largo de los años. Así que, toma tu Biblia y prepárate para experimentar el ayuno con propósito.

Para ayudarte a descubrir el propósito del ayuno, aquí hay algunas preguntas inquisitivas:

1. ¿Por qué es importante el ayuno para el cristiano?
2. ¿Qué propósito tiene el ayuno en mi vida?
3. ¿Qué espero que suceda cuando ayuno?

Propósito 1: Arrepentimiento (Jonás 3)

«¡Esta ciudad apesta!». Casi dije las palabras en voz alta mientras estaba en la pequeña plaza de toros de América Latina, preparándome para predicar a la gran multitud de jóvenes reunidos para la cruzada. Mientras intentaba concentrarme en el mensaje, casi me sobrecogía el horrible olor, hasta el punto de que mis glándulas olfativas estaban consumiendo mi capacidad de pensar, y no podía pensar.

Pido disculpas a todos mis amigos en Chimbote, Perú, pero esta debe ser una de las ciudades con peor olor del mundo. Ubicada en el norte de Perú, en la Carretera Panamericana, Chimbote se extiende por la costa de América del Sur. Los más de 400 000 habitantes de esta población[2] se despiertan cada mañana con una mezcla putrefacta de aire contaminado por la mayor industria de envasado de pescado del Perú y por las empresas del acero.[3] Casi se puede oler esta ciudad antes de verla en el horizonte, porque nada apesta como el pescado podrido.

«¡Este profeta apesta!». Probablemente la gente de Nínive quería decir lo mismo sobre Jonás. A pesar de que Jonás era un milagro andante, su bautismo en el vientre de la ballena durante tres días dejó su piel arrugada y blanqueada exudando un fuerte olor. Sin duda, la gente tuvo dificultades para escuchar el mensaje de Jonás mientras se tapaban la nariz. Pero su mensaje de inminente condena y llamado al arrepentimiento fue tan poderoso que la gran ciudad-Estado de Nínive lo escuchó. Quizás fue la visión de alguien que regresaba de entre los muertos. Posiblemente, fue su espíritu quebrantado y sincero. Quizás fue su extraño olor. Más que probablemente, fue el poder de resurrección del Espíritu Santo moviéndose a través de él lo que tocó a la ciudad.

Cualquiera que fuera la razón... funcionó. Toda la ciudad de Nínive respondió y evitó el desastre predicho por el profeta. El rey de la gran ciudad-Estado proclamó un ayuno nacional para que la gente se arrepintiera de sus pecados. Incluso hizo que los animales ayunaran, con la esperanza de que Dios no ejecutara su juicio. Fue un momento de desesperación que requería medidas desesperadas.

El ayuno del pueblo confirmó su sinceridad. Esa temporada de arrepentimiento fue más que palabras vacías o mera emoción con lágrimas. Sus corazones y su carne estaban completamente comprometidos en buscar a Dios por misericordia. Dios vio sus obras y se conmovió ante sus actos de desesperación.

Uno de los propósitos escriturales del ayuno es expresar nuestro arrepentimiento por faltas y pecados personales o colectivos. El ayuno se convierte en una señal exterior del quebrantamiento interior y de la anhelada esperanza de perdón por parte del buscador.

Bajo la Ley mosaica del Antiguo Testamento, el Día de la Expiación era un día nacional de ayuno para Israel.[4] Dios instruyó al pueblo a ayunar como parte de su arrepentimiento colectivo por el pecado. Su sacrificio por la transgresión nacional en el templo debía ir acompañado de luto y duelo en todo Israel. Ese luto se simbolizaba y se acentuaba a través de un día de ayuno. Las madres judías cerraban sus alacenas y apagaban sus fuegos de cocina, privando a sus hijos de alimento. Todos sentían el dolor de la tristeza por sus pecados.

> *El ayuno se convierte en una señal exterior del quebrantamiento interior y la anhelada esperanza de perdón por parte del buscador.*

A lo largo del Antiguo Testamento, el ayuno se veía como una señal exterior de insatisfacción interior y tristeza. En ocasiones, las personas lamentaban la pérdida de seres queridos, desastres nacionales, y así sucesivamente, al negarse a comer (o ayunar). Aun así, en este día cada año, toda la nación expresaba su pesar por los pecados cometidos por medio del ayuno.

El ayuno también acompañó al arrepentimiento cuando el profeta Samuel llamó a Israel a volver a Dios en arrepentimiento. El pueblo decidió apartarse de sus pecados, por lo que hicieron ayuno aquel día.

«Se reunieron, pues, en Mizpa, sacaron agua y la derramaron delante de Jehová; ayunaron aquel día allí, y dijeron: "Contra Jehová hemos pecado". Y juzgó Samuel a los hijos de Israel en Mizpa» (1 Samuel 7:6).

Dios escuchó el clamor de su arrepentimiento, presenció su sinceridad y respondió a la oración de Samuel cuando derrotaron a los filisteos.

> *A través del ayuno, confesamos nuestra necesidad de Dios en medio de un mundo que dice por sus acciones que no lo necesitamos.*

A la vez que trae convicción y arrepentimiento, el ayuno también puede expresar humildad, un debilitamiento consciente de la carne para declarar enfáticamente ante Dios y del propio corazón, de que somos incapaces de hacer su obra por nuestra cuenta. A través del ayuno, confesamos nuestra necesidad de Dios en medio de un mundo que dice por sus acciones que no lo necesitamos.

El arrepentimiento colectivo es necesario en la iglesia de hoy más que en cualquier otro momento de la historia. Las siguientes condiciones señalan nuestra necesidad de transformación, restauración y arrepentimiento:

- Nuestra actual ineficacia
- El atolladero de la burocracia denominacional

- La apatía de los miembros de la iglesia
- La arrogancia de muchos líderes
- La creciente ola de oscuridad
- Los fracasos continuos de líderes prominentes
- El hambre espiritual insatisfecha y la ignorancia bíblica de las nuevas generaciones
- El descarrío moral y teológico de la membresía de la iglesia

El arrepentimiento colectivo exige tanto un quebrantamiento interno como externo, lo que significa que el ayuno debe ser la orden del día. «Si se humilla mi pueblo... y oran» todavía es la declaración principal de la promesa de restauración de Dios en 2 Crónicas 7:14. Responder al llamado de Dios a ayunar expresa tal humildad. «Afligí con ayuno mi alma» (Salmos 35:13).

Cuando el rey de los ninivitas escuchó el mensaje de destrucción (Jonás 5), se levantó de su trono, se despojó de sus ropas reales, clausuró los graneros de maíz y condujo a su pueblo a humillarse, Dios se encontró con él de una manera especial, apartó el desastre y canceló el juicio. Fue un día maravilloso, a pesar del olor.

Algo similar sucedió cuando subí al púlpito en un Chimbote lleno de hedor: Dios se encontró con nosotros de una manera especial. Cambió vidas y el Espíritu Santo descendió sobre los presentes. Fue una cruzada maravillosa, a pesar del olor.

Propósito 2: Presteza (Lucas 2; Marcos 2)

La viudez había marchitado su rostro. Los años de soledad no habían pasado en vano. Sus amistades, en su mayoría, ya no estaban. Ella los había sobrevivido. Ahora, a los ochenta y cuatro años, era una de las ciudadanas más ancianas de Jerusalén. Sus siete años de alegría marital se habían desvanecido en recuerdos fugaces. Como comerciales televisivos que se entrelazan en el drama de su existencia cotidiana, recordaría periódicamente un momento de risa o un cálido abrazo. Pero esos recuerdos no eran suficientes. Algo dentro de ella la impulsaba a buscar una intimidad más allá de la humana. Anhelaba una conexión mayor con la eternidad: una audiencia con Dios.

Ana era una profetisa de la tribu de Aser. Aunque limitada por las circunstancias y la edad, no lo estaba en su espíritu. Toda su vida estaba enfocada en estar en la casa de Dios. Ana era anciana, pero aún era una mujer de Dios y vivía como tal. Según Lucas 2:37, era una guerrera de oración fiel que ayunaba regularmente: «y era viuda hacía ochenta y cuatro años; y no se apartaba del Templo, sirviendo de noche y de día con ayunos y oraciones».

La devoción disciplinada de Ana la posicionó para el mayor momento de su vida. Cuando Jesús hizo su primera visita al templo, Ana estaba preparada. No se perdería su día de visitación. Ana reconoció a Jesús al instante y lo proclamó a otros que estaban esperando verlo. «Ésta, presentándose en la misma hora, daba gracias a Dios y hablaba del niño a todos los que esperaban la redención en Jerusalén» (v. 38). Mientras que la mayoría de la gente no parecía notar la presencia de Jesús, Ana estaba emocionada por su visita y dio gracias al Señor. Debido a su diligencia en el ayuno y la oración, Ana estaba presta para dar la bienvenida al Hijo de Dios en su casa.

El ayuno y la oración posicionan nuestros corazones de tal manera que podemos reconocer fácilmente la visita del Señor y prepararnos activamente para la próxima llegada de Cristo, su segunda venida. Esta presteza es uno de los propósitos del ayuno, e incluye un anhelo apasionado por Él.

«Los discípulos de Juan y los de los fariseos estaban ayunando. Entonces fueron y le preguntaron: —¿Por qué los discípulos de Juan y los de los fariseos ayunan, y tus discípulos no ayunan? Jesús les dijo: —¿Acaso pueden ayunar los que están de bodas mientras está con ellos el esposo? Entre tanto que tienen consigo al esposo, no pueden ayunar. Pero vendrán días cuando el esposo les será quitado, y entonces, en aquellos días, ayunarán» (Marcos 2:18–20).

> *El ayuno y la oración posicionan nuestros corazones de tal manera que podemos reconocer fácilmente la visita del Señor y prepararnos activamente para la próxima llegada de Cristo, su segunda venida.*

Mi esposa, Lisa, y yo hemos estado casados por más de cuarenta y cinco años, después de un noviazgo de más de tres años cuando éramos adolescentes. Éramos novios desde la secundaria. Sin embargo, a lo largo de los años de nuestro noviazgo, rompimos un par de veces mientras experimentábamos los altibajos inciertos del amor juvenil. Durante esos momentos que estuvimos separados, puedo recordar la profunda inquietud en mi estómago, o donde sea que esté el corazón emocional. A veces estaba físicamente enfermo debido a nuestra relación quebrada. Lisa experimentó los mismos sentimientos. Durante una de las veces que estuvimos separados, no pudo comer debido a sus sentimientos por mí. A lo largo de los años, la gente ha llamado a este fenómeno «enfermedad de amor». Aunque a veces es objeto de humor y desdén, la enfermedad de amor es real.

De muchas maneras, Jesús predijo a sus seguidores que, después de su partida, su iglesia estaría «enferma de amor» por Él. Cuando los seguidores de Juan el Bautista y los fariseos le preguntaron por qué sus discípulos no ayunaban, Jesús explicó que no necesitaban ayunar mientras Él estaba con ellos. Estaban satisfechos y en comunión cercana con Dios a través de Cristo, pero cuando Él se fuera, entonces también ayunarían.

Algún día sus discípulos anhelarían su presencia en extremo que dejarían de comer. Ayunarían porque tendrían hambre de Él y querrían estar con Él. La explosión de adoración de las últimas décadas entre las nuevas generaciones, especialmente la generación Z, ha revelado un profundo anhelo de estar en la presencia de Dios. En la Universidad Oral Roberts, donde sirvo como presidente, vemos este anhelo repetidamente. Tenemos servicio en la capilla cada semana los miércoles y viernes. Estos servicios de adoración de una hora se centran en la Palabra de Dios y en vivir la vida empoderada por el Espíritu.

En los últimos años, ha surgido un nuevo fenómeno que llamamos «adoración poscapilla». Al final de cada servicio, cuando decimos «¡Amén!», casi siempre una gran mayoría de los estudiantes permanece en adoración, a veces hasta por dos horas, cantando, inclinándose, arrepintiéndose y comprometiéndose. Es una escena asombrosa y algo que me encanta experimentar en persona, especialmente por ser su presidente. Tienen hambre de su presencia. Están «enamorados de Él».

Este anhelo por Jesús no solo produce en ellos un anhelo presto por su regreso, sino también una sensibilidad a su presencia. Creo que una de las razones por las que estamos llamados a ayunar como lo hizo Ana es para que podamos reconocer la visita del Novio y prepararnos para proclamarlo entre quienes lo esperamos. La generación Z va a liderar el camino a medida que dirijan su hambre espiritual hacia el cielo y preparen sus corazones a través del ayuno.

¿Estás lo suficientemente enamorado del Novio como para prescindir de comer en lugar de perderte su visita? Ana lo estaba.

Propósito 3: Revelación (Hechos 9, 13)

La oscuridad total puede ser desorientadora. Recuerdo que hace unos años estaba en un *tour* en una cueva a varios cientos de pies bajo tierra. El guía les pidió a todos que permanecieran quietos mientras se apagaban las luces. Fue asombroso. Pasamos de ver las maravillas creativas de las cuevas a cero, nada. Todo era oscuridad absoluta. Un segundo podía ver, y al siguiente todo estaba negro. Levanté mi mano frente a mi cara y golpeé mi nariz sin ver nada. Tenía miedo de avanzar o retroceder porque no podía detectar dónde estaban mis pies. Consecuentemente, permanecí quieto, atrapado en la confusión de la ceguera temporal.

«Atrapado en la confusión de la ceguera temporal» es exactamente lo que le sucedió a Saulo de Tarso en el mismo instante que tuvo un encuentro con Jesús camino a Damasco. El encuentro de Saulo con Jesucristo fue transformador. Vio una luz más brillante que el sol de mediodía, escuchó una voz que podía atravesar el corazón más duro, y vio al Jesús viviente que transformó dramáticamente su vida. Incluso tuvo un cambio de nombre: de Saulo a Pablo, apóstol de los gentiles. En un instante milagroso, Saulo fue promovido a una nueva misión. Tuvo que ser transformado de:

- asesino de cristianos a un cristiano converso;
- perseguidor a propagador;
- litigante a liberador;
- judío militante de la Ley a misionero de un Nuevo Pacto a los gentiles.

El resplandor del Jesús resucitado dejó a Saulo ciego y desorientado. Durante su encuentro, Saulo reconoció a Jesús como Señor y le preguntó lo que quería que hiciera. Jesús respondió que Saulo debía ir a la ciudad, y se le diría qué hacer. Cuando Saulo abrió los ojos, se encontró en una caverna de incertidumbre. Las luces de su pasado se extinguieron, y la luz del futuro aún no había parpadeado. Saulo sabía que no podía hacer lo que siempre había hecho, pero no sabía qué debía hacer. Su oscuridad era desorientadora. Necesitaba dirección.

Los hombres que iban con Saulo lo llevaron de la mano a la ciudad, hacia la calle llamada Derecha. Siempre me he preguntado acerca del nombre de esta calle porque, a partir de ese momento, Saulo caminaría por el camino recto y angosto del cristianismo. En realidad, la calle llamada Derecha era una vía principal que corría de este a oeste a través de Damasco y podía ser fácilmente localizada.[5]

Saulo residió en la casa de Judas por tres días, durante los cuales permaneció ciego y sin comer. No solo estaba ayunando durante ese tiempo, sino que también estaba orando. Saulo necesitaba escuchar al Jesús que acababa de conocer. Necesitaba revelación y dirección de parte de Dios.

Millones de cristianos están, en esencia, donde estaba Saulo de Tarso ese día: en la calle Derecha. Necesitamos dirección. La luz de ayer se ha desvanecido, y el destello de la promesa de mañana aún no está a la vista. Estamos desorientados por nuestra oscuridad y necesitados de dirección. Muchas veces, estamos tentados a seguir caminando y hacer algo, aunque no tengamos la revelación ni la dirección. ¿No seríamos más sabios al hacer como Saulo y buscar a Dios por nueva revelación? La disciplina del ayuno y la oración prepara nuestros corazones para recibir la gracia de la dirección de Dios. Cuando ayunamos,

> *La disciplina del ayuno y la oración prepara nuestros corazones para recibir la gracia de la dirección de Dios.*

nuestros ojos espirituales ven más claramente de lo normal. Al haber negado nuestra carne, nuestra sensibilidad espiritual se intensifica y somos más receptivos a las directrices de Dios. La anticipación por la respuesta a la oración también crece durante las temporadas de ayuno, que nos prepara para recibir la revelación.

Aunque el encuentro en Damasco sorprendió a Saulo, sus tres días de oración y ayuno lo prepararon para recibir lo que el Señor le iba a decir a continuación. Con el estómago rugiendo y los ojos vendados, humedecidos por las lágrimas de una oración desesperada, Saulo tuvo una visión espiritual de un hombre llamado Ananías que venía y le imponía las manos. Ananías también recibió la revelación y, en obediencia, visitó al antiguo fariseo en la calle Derecha. Allí le declaró a Saulo su destino, y Dios respondió al clamor de Saulo por revelación.

La necesidad de revelación en la iglesia de hoy en día es quizás mayor que nunca. La revelación que necesitamos no es un destello momentáneo de inspiración que atrae la atención hacia cierto hombre de Dios del momento, sino que necesitamos una verdadera revelación del mismo corazón de Dios y dirección para realizar su obra. Mucho del ministerio y la vida cristiana se lleva a cabo sin una dirección y revelación claras. Cuando caminamos en nuestra propia luz, comprensión y voluntad, experimentamos un cristianismo vacío del Espíritu. Vivimos religiosamente, pero no «revelacionalmente». Perdemos nuestro destino mientras cumplimos nuestro propio deseo. Marchamos al ritmo de nuestro propio tambor para luchar batallas de nuestro propio diseño, ignorantes de la verdadera guerra.

Debido a la falta de revelación y conexión con el cielo, las personas carecen de autoridad en la iglesia. Me pregunto si hemos intercambiado los frutos de la perfecta voluntad de Dios por la esterilidad de la burocracia, simplemente porque nadie ha hecho el esfuerzo de buscar a Dios. Encontrar el corazón de Dios requiere pasar tiempo en oración y ayuno. A veces comunicamos la idea de que la oración y el ayuno no son tan necesarios para aquellos que son espiritualmente maduros. En otras palabras, cualquiera que alcance un cierto nivel de servicio cristiano puede ascender por encima del poder de la intercesión suplicante. Esta idea no podría estar más lejos de la verdad bíblica. Cuanto mayor es la responsabilidad del servicio, mayor es la necesidad de revelación y dirección del Espíritu.

La iglesia en Antioquía estaba llena de líderes fuertes, maduros y ungidos. Estos eran hombres que habían puesto en peligro sus vidas por Cristo. A pesar de eso, estos profetas y maestros que ministraban el evangelio se entregaron a la oración y al ayuno. Hechos 13 relata que mientras adoraban y ayunaban, recibieron una revelación que alteraría el curso de la historia cristiana. Durante su ayuno, el Espíritu Santo dijo: «Apartadme a Bernabé y a Saulo para la obra a que los he llamado» (v. 2).

Esta revelación colocó a Saulo y a Bernabé en el ministerio que Dios deseaba para ellos y los impulsó a ser fructíferos en la misión de Cristo. Después de un ayuno adicional, la iglesia les impuso las manos y los envió al campo misionero. En retrospectiva, fue un golpe de genio por parte de la iglesia de Antioquía.

Obedecer al Espíritu siempre nos hace parecer más inteligentes de lo que realmente somos. Esa revelación impulsaría al misionero más fructífero de todos los tiempos a encabezar la iglesia primitiva que cambiaría el mundo. Si Pablo no hubiera entrado en su destino misionero, gran parte del Nuevo Testamento tal como lo conocemos no habría sido escrito. Por lo tanto, la penetración del evangelio en el mundo occidental puede vincularse directamente a la disposición de estos hombres maduros en admitir su necesidad de ayuda sobrenatural a través del ayuno y la oración.

¿Cuál podría ser el resultado si los líderes y seguidores de Cristo de hoy en día admitieran que la luz en su cueva se ha apagado? El fuego de ayer está extinguido; la luz para el mañana no puede ser vista. Nuestra caverna de incertidumbre necesita desesperadamente de una nueva revelación. ¿Qué pasaría si decidimos dejar de marchar simplemente y esperar en el Señor, entregándonos a una temporada de intensa intercesión por su iluminación?

> *Obedecer al Espíritu siempre nos hace parecer más inteligentes de lo que realmente somos.*

Hace años, durante una temporada de ayuno y oración, recibí una revelación del Señor que cambió drásticamente el curso de mi vida y ministerio. La iglesia que pastoreaba en ese momento estaba en un ayuno de cuarenta días, durante el cual participé plenamente, bebiendo solo jugo. Durante la última semana del ayuno, la iglesia estableció una cadena de oración de veinticuatro horas, siete días a la semana, con alguien orando en la capilla de oración cada hora del día a lo largo de la semana.

Una mañana, durante ese tiempo de búsqueda del Señor a través de intercesión y ayuno, tuve un intenso encuentro espiritual. El Espíritu Santo me visitó, y me encontré postrado, clamando a Dios por un nuevo avivamiento en nuestra generación. Con mi rostro contra el suelo en esa pequeña sala de oración, escuché al

Señor decir: «Voy a enviar una segunda inundación —una *nueva* inundación— como la inundación en los días de Noé. Solo que esta segunda inundación será espiritual y no física. Esta nueva inundación no será una inundación de retribución y justicia, sino de misericordia y amor. ¡Mi Espíritu va a inundar la Tierra!».

Dios me habló sobre un nuevo derramamiento del Espíritu Santo que alcanzaría toda la Tierra hasta que no quedaran lugares espiritualmente secos. Él me mostró además cuáles serían las fuentes de la inundación, y reveló que estaba a punto de derramar su Espíritu de una manera nueva y fresca.

Salí tambaleándome de la sala de oración esa mañana, sabiendo que Dios me había hablado, pero sin comprender en absoluto lo que significarían las palabras que escuché para mi vida y mi camino de liderazgo. En cuestión de meses tras el encuentro, las cosas comenzaron a cambiar en mi vida. A través de una serie de acontecimientos providenciales y sobrenaturales, comencé una transición de servir como pastor y líder denominacional a tener un rol más amplio en el Reino como siervo y convocador.

El Señor requeriría que me dedicara a vivir la visión que Él me había dado esa mañana y cambiaría la trayectoria de mi ministerio para siempre. El ayuno me posicionó para recibir esa revelación del Señor y me preparó para lo que Él me estaba llamando a hacer de ahí en adelante.[6]

Creo que las órdenes de avanzada más grandes, que cambiarán el mundo y propulsarán el Reino para este tiempo, serán entregadas a aquellos creyentes maduros que admitan su necesidad de revelación. Quiero ser uno de ellos, ¿y tú?

Propósito 4: Liberación (Marcos 9; Isaías 58; Daniel 9)

La escena del valle era demasiado reconocible: un mundo desesperado, una iglesia impotente, ambos necesitando un salvador poderoso. ¿Te suena familiar?

Un joven con ataduras, un padre desesperado y una iglesia en busca de alcanzar una reputación se encontraron en el campo de la guerra espiritual. El joven estaba poseído por los demonios. Necesitaba ser liberado de su tormento. El padre buscaba desesperadamente una respuesta para su hijo. Necesitaba fe. Y la iglesia vivía por su reputación. No estaba preparada para lidiar con la situación del joven y su padre; necesitaban poder.

El padre desesperado llevó al joven poseído por los demonios a una iglesia que pensaba podía liberarlo. Quedó decepcionado. A pesar de los mejores esfuerzos de los discípulos, el hijo seguía encadenado. El mal ejercía su dominio y la manipulación satánica seguía a sus anchas. Se hicieron oraciones —oraciones en voz alta, oraciones calmadas, oraciones bíblicas y oraciones silenciosas—, todas sin éxito. Se citó la Escritura. Se exhibieron emociones. Se usaron fórmulas. La iglesia hizo lo mejor que podía ante la situación, pero nada cambió. Su reputación era pura fachada; su fama de derrotar al diablo era un engaño.

Actualmente, esa iglesia podría ser criticada por mala práctica espiritual, o al menos publicidad engañosa, incapaz de resolver los casos realmente grandes. La impotencia de esa iglesia era patética, pero aún peor fue el hecho de que el joven que necesitaba ser liberado seguía poseído.

Entonces, llegó Jesús. Observó a aquellos que se habían reunido para presenciar la vergüenza de la iglesia. Cuestionó a la multitud, reprendió a los incrédulos y se acercó al joven. Jesús desafió al padre del niño para que creyera. Entonces ordenó al espíritu maligno que saliera del muchacho para siempre. El hijo atormentado fue instantáneamente liberado. Jesús hizo lo que la iglesia impotente no pudo hacer. Trajo liberación.

Más tarde, en privado tras su vergüenza por su impotencia espiritual, los discípulos le preguntaron a Jesús por qué no pudieron expulsar al espíritu maligno del joven. ¿Por qué eran impotentes? ¿Por qué fueron ineficaces? ¿Por qué ellos no pudieron hacer lo que Jesús había hecho? ¿Por qué parecía tan imposible romper esa atadura espiritual? ¿Por qué fueron derrotados?

Las preguntas continúan: ¿Por qué la iglesia de hoy parece ser tan impotente? ¿Por qué la oscuridad domina a tantos? ¿Por qué nuestras oraciones parecen tan ineficaces? ¿Por qué no se sanan más personas enfermas? ¿Por qué los poseídos por demonios entran y salen de nuestras iglesias sin cambios? ¿Por qué no vemos la liberación de los que están atados? ¿Por qué no podemos hacer lo que Jesús hizo?

La respuesta de Jesús a sus discípulos nos proporciona pistas para hoy: «Este género con nada puede salir, sino con oración y ayuno» (Marcos 9:29). La clave del poder espiritual se encuentra en nuestras rodillas. Gran parte de la impotencia espiritual de la iglesia occidental de hoy se puede atribuir a nuestra falta de oración y ayuno.

Muchos eruditos creen que la palabra *ayuno* en este texto se añadió más tarde y no está en los escritos originales.[7] Incluso si esto es cierto, el mensaje sigue siendo el mismo: para tener poder contra la oscuridad y ser efectivos contra lo demoníaco, debes

> *La clave del poder espiritual se encuentra en nuestras rodillas.*

tener una fuerte conexión con el poder sobrenatural de Dios. Debes posicionar tu corazón de tal manera que la victoria de Dios sobre Satanás pueda fluir a través de ti libremente. Si quieres producir libertad y liberación, debes estar espiritualmente libre.

Uno de los propósitos críticos del ayuno es producir liberación espiritual a aquellos que están atados.

El profeta Isaías afirma enfáticamente que el ayuno que Dios ha elegido incluye estos beneficios:

- romper las cadenas de injusticia;
- desatar las cargas pesadas;
- poner en libertad a los oprimidos;
- romper toda atadura (58:5-6).

Nuestro clamor más profundo debe ser que el Señor logre una completa libertad espiritual a través de nuestra abstinencia de alimento físico.

¿Cuántas personas podrían ser liberadas de las ligaduras de maldad si la iglesia buscara al Señor en ayuno y oración? Estoy personalmente convencido de que muchas veces estamos esperando la promesa, pero no vemos el cumplimiento debido a nuestra falta de intensidad espiritual. La iglesia perdió una oportunidad cuando el padre desesperado buscó liberación para su hijo endemoniado. Dios estaba listo para derrotar el poder de Satanás. El público estaba observando, pero la iglesia no estaba lista. Se perdió un momento de ministrar efectivamente debido a la falta de oración y ayuno.

Cientos de años antes de este momento de ministerio desperdiciado por la iglesia primitiva, el profeta Daniel aprovechó una temporada de oportunidad espiritual. La promesa escritural, circunstancias terrenales y el destino de Daniel se unieron mientras vivía en la cautividad babilónica. Daniel no desperdició su momento de ministerio. Al estudiar los escritos de Jeremías, pudo creer que el tiempo de la esclavitud de Judá estaba concluyendo. Jeremías había predicho que la cautividad babilónica duraría setenta años, y luego el pueblo experimentaría una nueva libertad. Cerca de la conclusión de esos setenta años, la carga de Daniel se convirtió en dolores de parto espirituales: «Volví mi rostro a Dios, el Señor, buscándolo en oración y ruego, en ayuno, ropas ásperas y ceniza» (Daniel 9:3).

Afirmándose en su fe, Daniel se movió con determinación espiritual en oración y ayuno para el cumplimiento de la promesa. No tomó la profecía de liberación del pueblo de Dios a la ligera. Él creyó y se sacrificó para que se convirtiera en realidad. Daniel comenzó su ayuno en el primer año del reinado de Darío el Medo, que la mayoría de los teólogos creen que fue en 538 a. C. Su cautiverio comenzó en la primera deportación de Judá alrededor de 605 a. C. Así, Daniel buscó a Dios en el sexagésimo séptimo o sexagésimo octavo año del cautiverio.[8] La promesa de Dios estaba a punto de cumplirse, y la intercesión de Daniel sería la llave que abriría la puerta celestial para traer su cumplimiento en lo terrenal.

A los dos años (quizás antes) de esa temporada de arrepentimiento y ayuno de Daniel, el rey Ciro liberó a quienes querían regresar a Jerusalén. Los setenta años de cautiverio se llegaron a su fin. Una nación entera fue liberada cuando el profeta de Dios ayunó y oró.

- ¿Cuántos milagros hemos perdido porque no oramos para que la promesa de Dios se haga realidad?
- ¿Cuántos días de destino han quedado sin cumplirse porque nuestros estómagos permanecieron llenos y nuestras rodillas no se doblaron?
- ¿Cuántos momentos para ministrarles a las personas hemos desperdiciado?

Un discurso completo sobre la soberanía de Dios y la libre voluntad del hombre para responder o resistir la gracia debe esperar a otro momento. Sin embargo, creo que en muchas iglesias hemos permitido que nuestro péndulo teológico se incline demasiado hacia una actitud de dejadez respecto a la necesidad de que el creyente cumpla con el propósito de Dios que le fue destinado.

Si Juan Wesley estaba incluso parcialmente en lo correcto (y creo que lo estaba) cuando afirmó: «Dios no hace nada sino en respuesta a la oración»,[9] entonces la iglesia tiene una gran responsabilidad de buscar el rostro de Dios diligentemente para que las promesas de Dios para el fin de los tiempos se cumplan. En otras palabras, necesitamos orar y ayunar hasta que las personas sean liberadas.

Actualmente estamos en un gran momento de oportunidad espiritual. En el año 2033, la iglesia celebrará el bimilenario desde la muerte, sepultura, resurrección y ascensión de Jesús. Dos mil años desde el mandato de la Gran Comisión y dos mil años desde el derramamiento del Espíritu Santo. Numerosos esfuerzos de la Gran Comisión se están formando para avanzar y hacer de esta la etapa de esfuerzo más significativa históricamente en el cumplimiento de la Gran Comisión. Múltiples organizaciones están trabajando juntas para llevar las buenas nuevas de Jesús a cada persona en la Tierra para el 2033.[10] Este momento de la historia humana está más latente que nunca por su potencial espiritual. Millones de vidas pueden experimentar

> *Millones de vidas pueden experimentar liberación sobrenatural en el 2033 si nos preparamos por medio de la oración y el ayuno.*

una liberación sobrenatural durante este tiempo si nos preparamos por medio de la oración y el ayuno. Algunas fuerzas del mal solo pueden ser desarmadas de esta manera.

¡No te pierdas tu momento de ministerio!

Propósito 5: Restauración (Joel 1; 2)

A Lisa y a mí realmente nos gustaba el pequeño ciruelo de nuestro jardín delantero. Sus hojas de hermosos colores eran una belleza y, aunque pequeño, el árbol producía una buena cosecha de ciruelas. Pensamos que esto era bastante bueno para un árbol de jardín en Cleveland, Tennessee. Estábamos orgullosos. Un verano notamos que las hojas tenían algunos agujeros y algunos insectos estaban «pasando el rato» en nuestro ciruelo. Sin embargo, estábamos tan ocupados asistiendo a una convención en la ciudad que simplemente no teníamos tiempo para cuidar de nuestro árbol, ni prestarle mucha atención. Mientras me concentraba en la convención, el árbol se convirtió en cebo para los insectos.

Para cuando la semana terminó, nuestro hermoso ciruelo había sido dañado. Las hojas moradas se habían convertido en encajes color marrón. El enjambre de escarabajos japoneses llenó sus barrigas, y nuestro huerto de un solo árbol ahora estaba yermo. No habría más ciruelas. Estábamos avergonzados.

Por desgarradores y destructivos que fueran los escarabajos japoneses, realmente no se pueden comparar con las langostas mencionadas en la Biblia. Las langostas lo consumen todo. Estos insectos que parecen saltamontes atacan la vida vegetal en masa, comiéndose las hojas, los tallos y las raíces. Las plagas de langostas aún ocurren en casi todos los continentes del mundo, y algunos de los enjambres más grandes registrados en la historia se han visto en lugares como el este de África y Afganistán.[11] Las langostas viajan en enjambres que oscurecen el cielo y se posan sobre los cultivos como una manta. Un enjambre documentado cerca del Mar Rojo cubrió aproximadamente dos mil millas cuadradas.[12] También son viajeras prolíficas que cubren y arrasan plantíos enteros en un poderoso viaje de devastación por el mundo. Se ha sabido que enjambres de langostas viajan desde Canadá hasta Texas.[13]

El profeta Joel habló de un momento en la historia de Israel cuando las langostas y sus larvas formaron un ejército literal de destrucción, y trajeron el juicio de Dios sobre la Tierra. Muchos eruditos creen que la descripción de Joel sobre la invasión de insectos también representaba una invasión física por ejércitos humanos sobre el pueblo de Dios. Joel describe esa invasión de insectos, que convirtió la fecundidad en esterilidad, como un ataque diseñado por Dios. El gran ejército de insectos, o quizás el ejército humano, fue el juicio de Dios contra aquellos cuyos corazones se habían desviado de Él. La falta de fructificación física fue el resultado directo de la declive espiritual del pueblo de Dios. Atravesaron sequías, fuegos, ganados hambrientos, huertos estériles y siervos sin alegría porque se habían desviado espiritualmente. Las circunstancias descritas en la primera parte de la profecía de Joel trajeron una gran desesperación:

Lo que dejó la oruga se lo comió el saltón; lo que dejó el saltón se lo comió el revoltón; y la langosta se comió lo que el revoltón había dejado. [...] El campo está asolado y se enlutó la tierra, porque el trigo fue destruido, el mosto está pasado y se perdió el aceite. Confundíos, labradores; gemid, viñadores, por el trigo y la cebada, porque se perdió la mies del campo. La vid está seca y pereció la higuera; también el granado, la palmera y el manzano:
Todos los árboles del campo se secaron. Y así se extinguió el gozo de los hijos de los hombres. Vestíos de luto y lamentad, sacerdotes; gemid, ministros del altar; venid, dormid con ropas ásperas, ministros de mi Dios; porque quitada es de la casa de vuestro Dios la ofrenda y la libación. Proclamad ayuno, convocad asamblea, congregad a los ancianos y a todos los moradores de la tierra en la casa de Jehová, vuestro Dios, y clamad a Jehová (1:4, 10-14).

Joel emitió un llamado de alerta: «Toca la trompeta, suena la alarma». Su admonición profética fue: «Levántate, reúnanse y pongan las cosas en orden con Dios». En medio de la sequía y la desesperación, se podía encontrar esperanza:

> *Ahora, pues, dice Jehová,*
> *convertíos ahora a mí*
> *con todo vuestro corazón,*
> *con ayuno, llanto y lamento.*
> *Rasgad vuestro corazón y no vuestros vestidos,*
> *y convertíos a Jehová, vuestro Dios;*
> *porque es misericordioso y clemente,*
> *tardo para la ira y grande en misericordia,*
> *y se duele del castigo [...]*
> *¡Tocad trompeta en Sión,*
> *proclamad ayuno, convocad asamblea*
> *(2:12-13, 15)!*

Joel continúa con su mensaje de restauración y esperanza:

> *Vosotros también, hijos de Sión,*
> *alegraos y gozaos en Jehová, vuestro Dios;*
> *porque os ha dado la primera lluvia a su tiempo,*
> *y hará descender sobre vosotros*
> *lluvia temprana y tardía, como al principio.*
> *Las eras se llenarán de trigo*
> *y los lagares rebosarán de vino y aceite.*

> *Yo os restituiré los años que comió la oruga,*
> *el saltón, el revoltón y la langosta,*
> *mi gran ejército que envié contra vosotros* (vv. 23-25).

Dios prometió al pueblo que, si lo buscaba con todo su corazón y con verdadero quebrantamiento, experimentarían una restauración sobrenatural. Los árboles volverían a florecer; los rebaños comerían bien; las lluvias caerían; y el avivamiento llegaría a la tierra. Entonces Joel declaró la promesa de Pentecostés, la promesa de un gran derramamiento espiritual:

> *Después de esto derramaré*
> *mi espíritu sobre todo ser humano,*
> *y profetizarán vuestros hijos y vuestras hijas;*
> *vuestros ancianos soñarán sueños,*
> *y vuestros jóvenes verán visiones.*
> *También sobre los siervos y las siervas*
> *derramaré mi espíritu en aquellos días* (vv. 28-29).

Mientras se humillaran, buscaran a Dios fervientemente y ayunaran, su poder espiritual sería restaurado. ¡Experimentarían un avivamiento!

A principios del siglo veinte, personas de todo el mundo comenzaron a experimentar el poder y el avivamiento pentecostal. Una restauración ocurrió evidentemente. Cada movimiento eclesiástico afectado por ese nuevo derramamiento del Espíritu exhibió la restauración. Reclamaron el cristianismo del Nuevo Testamento; se experimentó un profundo avivamiento espiritual.

Además, mediante ese mover de Dios, las personas experimentaron las disciplinas espirituales de una nueva manera. Se contaron innumerables historias sobre cómo los pioneros del movimiento pentecostal oraban y ayunaban. El ayuno era parte del lienzo de su fe. Lo que comenzó con un puñado de personas que experimentaron el poder pentecostal se multiplicó a casi 650 millones de creyentes llenos del Espíritu Santo en todo el mundo en el siglo XXI.[14]

Uno de los propósitos del ayuno es la restauración. Expresamos un anhelo interno para que Dios nos restaure sobrenaturalmente cuando nos abstenemos de comida. Así como lo hizo por Joel, Dios escuchará nuestro clamor y renovará nuestros espíritus.

> *Expresamos un anhelo interno para que Dios nos restaure sobrenaturalmente cuando nos abstenemos de comida.*

La iglesia de hoy necesita desesperadamente ser restaurada, especialmente en el mundo occidental. Estudios recientes revelan que los males del mundo se han infiltrado en las iglesias. Las tasas de divorcio, las personas que lidian con la depresión y otras luchas son tan prevalentes (o tal vez más) en la iglesia estadounidense como lo son entre los inconversos. Abrumada por una invasión espiritual comparable con la plaga de langostas que Joel visualizó, el impacto de la iglesia en los Estados Unidos se ha debilitado, incluso se ha reducido en tamaño. Hoy en día, alrededor del sesenta y tres por ciento de los estadounidenses se identifican como cristianos; sin embargo, hace cinco décadas, esa cifra era significativamente más alta, alcanzando el noventa por ciento.[15]

Mientras la agenda LGBTQIA+ avanza, el pluralismo desplaza la verdad de Dios, la maldad aumenta causando violencia y estragos sociales, y la confusión controla tanto el aula como la sala del tribunal, la voz de la iglesia está ocupada en luchas internas. Al mismo tiempo, ejércitos de langostas invisibles devoran nuestra fecundidad, incluyendo la integridad de nuestros púlpitos y la vitalidad espiritual de nuestros congregantes. ¿Podrían estas hordas de dificultades hacernos volver a Dios? ¿No es hora de tocar la trompeta, hacer sonar una alarma y proclamar ayuno para deshacer el daño de las langostas invisibles de hoy?

Propósito 6: Recompensa (Hebreos 11; Génesis 15; Filipenses 3)

Joanna Hayes enfocó sus ojos detrás de las gafas de sol en la meta. Sus años de entrenamiento la habían llevado a este momento único en su vida durante los Juegos Olímpicos en el verano de 2004. A su derecha estaba la favorita para ganar la medalla de oro olímpica, Perdita Felicien, de Canadá.

Además de una gran precisión, coordinación excepcional, velocidad y fortaleza, los cien metros con vallas requieren concentración. Y Hayes estaba concentrada mientras colocaba sus pies en los bloques de salida. El disparo de salida sonó y se pusieron en marcha. Con los ojos fijos en la línea de meta, Hayes no perdió el ritmo al cruzar el primer obstáculo. Sin embargo, la corredora canadiense a su lado no tuvo tanta suerte. Felicien perdió la concentración, pisó el primer obstáculo, tropezó y chocó con la corredora situada a su derecha. Durante esos momentos caóticos, Hayes nunca titubeó, nunca vaciló, ni siquiera pareció notar que la favorita de la carrera se había caído. En un tiempo récord olímpico, Hayes cruzó la línea de meta para cosechar la recompensa de sus años de entrenamiento, enfocándose en su objetivo: la medalla de oro.[16]

> *El ayuno nos ayuda a enfocarnos en nuestro objetivo principal.*

De muchas maneras, el ayuno nos ayuda a enfocarnos en nuestro objetivo principal. Nos entrena para desviar nuestros corazones de las distracciones del mundo y nos impulsa[17] hacia la recompensa que tenemos por delante. Las distracciones a nuestro alrededor alcanzan niveles históricos. Como promedio, el 84.4 por ciento de las personas están distraídas en su trabajo.

Mientras que Joanna Hayes se enfocaba en su carrera que le permitió ganar[18] una medalla de oro olímpica, otra atleta perdió la suya al desviar su enfoque de la carrera. Ese mismo verano, el tirador de rifle de Estados Unidos, Matt Emmons, dominaba el evento manteniéndose en las primeras tres posiciones. Estaba muy por delante de sus competidores y tenía casi a su alcance[19] la medalla de oro. Emmons no necesitaba dar en el blanco para ganar; solo necesitaba dar en el objetivo. Mirando cuidadosamente a través del cañón, apretó el gatillo. Después de bajar su rifle, Emmons miró la pantalla que debería haber registrado inmediatamente su puntuación, pero no había nada. Confundido, habló con los jueces, confiado en que había acertado en el blanco para ganar la competición. Sin embargo, pronto se dio cuenta de que había apuntado y dado en el blanco de su oponente. Ese «disparo cruzado» le costó la medalla de oro.[20]

De la misma manera, cuando estamos enfocados en las cosas equivocadas, pagamos un precio. El ayuno nos ayuda a reenfocar nuestra atención firmemente en Dios. Nos ayuda a mantener el enfoque espiritual en la meta o la recompensa que tenemos por delante.

Su Palabra promete que Él recompensará a aquellos que le buscan diligentemente: «Pero sin fe es imposible agradar a Dios, porque es necesario que el que se acerca a Dios crea que él existe y que recompensa a los que lo buscan» (Hebreos 11:6).

¿Cuál es la recompensa? Ciertamente, la oración respondida es parte de la recompensa. Nuestra búsqueda diligente también nos recompensa con paz sobrenatural, amor divino y bendiciones terrenales en una variedad de formas. Además de coronas celestiales, calles de oro, coros angelicales y vida eterna, la Escritura nos asegura que la mayor recompensa es el Señor

> *La Escritura nos asegura que la mayor recompensa es el Señor mismo.*

mismo. Jesús es nuestra medalla de oro al final de la carrera. Él es nuestra recompensa, nuestra porción en la tierra de los vivientes.

Durante y después de ayunos prolongados, he sido testigo de cómo Dios hace cosas milagrosas. Multitudes que son salvadas, cientos bautizados en el Espíritu, ojos ciegos que ven, oídos sordos que oyen, personas en sillas o muletas que salen caminando, problemas de la iglesia que se resuelven, milagros financieros ocurren y la salud física se restaura. Dios me ha recompensado cuando lo he buscado diligentemente, pero la mayor recompensa ha sido experimentar su presencia, su gloria y su persona.

Es difícil explicar esta cercanía a Jesús durante los períodos de ayuno prolongado y justo después de romper un ayuno:

- Su voz se vuelve clara.
- Su Palabra cobra vida.
- Su corazón es revelado.
- Su pueblo se vuelve más preciado.
- Su presencia lo llena todo.

En momentos de gran debilidad física, me he identificado con el salmista cuando declaró: «Mi carne y mi corazón desfallecen; más la roca de mi corazón y mi porción es Dios para siempre» (Salmos 73:26).

En mi primer ayuno de agua y jugo de cuarenta días, llevé un diario. Cuando me preparaba para escribir este libro, volví a leer el diario sobre esa primera jornada de cuarenta días. Varias cosas me llamaron la atención, incluyendo todo lo que nuestro ministerio logró y todo lo que el Señor hizo durante ese tiempo. Me sorprendió mi fortaleza, me asombró la cercanía de Dios y fui más consciente de mis necesidades que en cualquier otro momento de mi vida. Quizás la reflexión del último día lo explica mejor. Aquí hay un extracto:

> *Es difícil de creer. Cuarenta días sin ningún alimento sólido. Obviamente, ese ha sido el plan de Dios. Nunca pensé que podría hacerlo. Sentí que después de una semana no lo lograría, pero de alguna manera el Señor me ha ayudado. De hecho, durante las últimas tres semanas rara vez he estado hambriento. Como siempre, lo más grande sobre el ayuno es lo que hace en mí. Jesús está cambiando mi vida. Cada vez más tengo un corazón de pastor. Estoy cada vez menos preocupado por las cosas de la iglesia y más preocupado por Dios en mi vida.*

Durante ese ayuno, sucedieron varias cosas sobrenaturales, incluyendo una visión con ángeles que me dio el valor que necesitaba para el año siguiente. Sin embargo, con todas las grandes cosas que el Señor ha hecho cuando he ayunado, lo más memorable para mí sigue siendo el milagro de su presencia y cercanía. La promesa de Dios a Abram puede ser reclamada como nuestra. Él se convierte en nuestra gran recompensa: «Después de estas cosas vino la palabra de Jehová a Abram en visión, diciendo: No temas, Abram, yo soy tu escudo, y tu recompensa será muy grande» (Génesis 15:1).

A lo largo de su viaje, el apóstol Pablo se centró constantemente en su relación con Jesucristo como el objetivo de su carrera espiritual. Cerca del final de su vida, cuando los viajes misioneros habían terminado, los momentos de oratoria pública habían cesado y los emocionantes días de su ministerio habían quedado atrás, Pablo yacía aislado en relativa oscuridad en una prisión romana. Muchos de sus compañeros espirituales habían tropezado y caído, pero Pablo aún estaba en la carrera. Con su mirada fija en la meta, siguió adelante, no hacia su próximo momento de predicación, sino hacia Jesucristo. Pablo sabía que el verdadero premio, la verdadera medalla de oro al final de la carrera de la vida, era conocer a Jesús:

> *Quiero conocerlo a él y el poder de su resurrección, y participar de sus padecimientos hasta llegar a ser semejante a él en su muerte, si es que en alguna manera logro llegar a la resurrección de entre los muertos. No que lo haya alcanzado ya, ni que ya sea perfecto; sino que prosigo, por ver si logro asir aquello para lo cual fui también asido por Cristo Jesús. Hermanos, yo mismo no pretendo haberlo ya alcanzado; pero una cosa hago: olvidando ciertamente lo que queda atrás y extendiéndome a lo que está delante, prosigo a la meta, al premio del supremo llamamiento de Dios en Cristo Jesús* (Filipenses 3:10-14).

El rey David también vivió notablemente enfocado, como siempre lo hacen los grandes hombres de Dios. A lo largo de sus salmos, David reiteró que su búsqueda no era levantar edificios más grandes ni expandir su territorio para su reino; la búsqueda de David era el Señor. Era un hombre conforme al corazón de Dios. No fue llevado del campo de pastores en Belén a ser rey de Israel porque procurara posición, poder o popularidad. Dios lo hizo rey debido a que procuraba la pureza de una relación íntima y eterna con el Señor. Varios de los salmos revelan su corazón de búsqueda y su enfoque singular en el Señor: «Una cosa he demandado a Jehová, ésta buscaré: que esté yo en la casa de Jehová todos los días de mi vida, para contemplar la hermosura de Jehová y para buscarlo en su Templo» (27:4).

Este deseo singular de conocer a Dios y contemplar su belleza nos ayudará a cruzar la meta sin tropezar. Nuestra medalla de oro no es meramente nuestra corona celestial, nuestra mansión, nuestro nuevo cuerpo o la comunidad eterna de los redimidos, es Él. Jesús es lo que hará que el cielo sea maravilloso, y su presencia es lo que hace que el ayuno valga el esfuerzo diligente requerido.

> *Este deseo singular de conocer a Dios y contemplar su belleza nos ayudará a cruzar la meta sin tropezar.*

Así que, al igual que Joanna Hayes, mantén tu enfoque y no pierdas el equilibrio. La meta está por delante. El ayuno te ayudará a entrenar tu corazón para la verdadera medalla de oro. ¡Él es nuestra recompensa!

Capítulo 2: Preguntas para la reflexión

1. ¿Cómo has cambiado como resultado de practicar la disciplina del ayuno? Si nunca has ayunado, ¿cómo podría cambiarte?

2. ¿Has tenido alguna vez un período de ayuno durante el cual Dios te reveló algo? ¿En qué áreas de tu vida necesitas actualmente la gracia de la dirección de Dios?

3. Considera a un cristiano que conozcas que dé buen fruto. ¿Practica regularmente la disciplina del ayuno?

4. ¿Cuál podría ser el impacto potencial en la iglesia si sus congregantes y líderes ayunaran más a menudo? ¿Cuál podría ser el impacto en nuestro mundo?

5. ¿Ha habido otras cosas que han captado tu atención más que Dios? Si es así, ¿cómo podría el ayuno ayudarte a reorientar los afectos de tu corazón y ayudarte a recuperar un enfoque apropiado?

Crecer verticalmente:
reclamar la prioridad del ayuno

La serie de televisión *Friends* ha sido aclamada como la comedia más exitosa de todos los tiempos. Con más de 230 episodios emitidos a lo largo de diez temporadas, ese programa centrado en seis amigos y sus historias se convirtió en un fenómeno mediático. Pero la reacción de los críticos al episodio piloto de *Friends* en 1994 no fue favorable. El programa fue visto como «no muy entretenido, ni ingenioso ni original». Sin embargo, el episodio final atrajo a más de cincuenta y dos millones de espectadores estadounidenses,[2] y al final de la serie en 2004, los seis miembros principales del reparto recibieron un millón de dólares por episodio.[3]

Los críticos subestimaron *Friends* y el clima social en el que ese popular programa se emitiría. El creciente clamor por relaciones y amistades entre adolescentes y veinteañeros a principios del nuevo milenio era casi ensordecedor. En una sociedad que experimentaba el colapso postmoderno de la certidumbre, el anhelo de conexión con otros entre los mileniales adquirió un máximo histórico. La aceptación, la inclusión, la autodeterminación y el relativismo estaban de moda, mientras que valores como el discernimiento, la exclusividad, los absolutos morales y la conformidad fueron descartados. Desde el primer beso gay en televisión hasta la explosión de los *reality shows*, esas tendencias cambiarían los medios para siempre.

La búsqueda horizontal

La iglesia occidental fue afectada por este entorno. La «evangelización relacional», el «liderazgo relacional» y las «iglesias relacionales» se convirtieron en frases de moda en el Reino. Con esto se pretendía enfatizar la necesidad de alcanzar a una generación que buscaba desesperadamente la amistad, las necesidad de relaciones. Algunas de esas tendencias aún continúan, ya que aproximadamente el sesenta por ciento de las personas en los EE. UU. informa sentirse sola frecuentemente.[4]

Ese anhelo de relaciones produjo muchos resultados positivos al presionar a las iglesias para que se convirtieran más en una comunidad del Nuevo Testamento que expresa el amor de Jesús de maneras tangibles. Dicha tendencia obligó a los líderes a desplazarse de una posición de autoridad marcada por la opulencia a una postura de servicio. También animó a los creyentes a evangelizar a otros a través de la amistad, y a las iglesias a dejar sus prejuicios y abrazar a las masas quebrantadas. Esta tendencia resultó ser excelente porque ayudó a las iglesias a abrirse a las personas heridas y quebrantadas, y las preparó para recibir la cosecha del presente.

Sin embargo, creo que, por muy positivas que fueron estas tendencias, las acompañaron grandes peligros y dificultades. Al intentar adaptarse para alcanzar a la generación milenial, muchas iglesias se sobrecompensaron y se volvieron excesivamente horizontales. Actualmente las personas asisten a la iglesia para conectarse con sus amigos más que para conectarse con Dios, y muchas congregaciones se han convertido en clubes sociales cristianos más que en una «casa de oración para todas las naciones» (Marcos 11:17).

Como resultado, el creyente común comenzó a ver el viejo barco cristiano como un crucero que ofrece paseos agradables en lugar de una embarcación de guerra atacando las fuerzas de la oscuridad. Bajo la presión de esa tendencia, muchos ministros sacrificaron sutilmente la cruz por la multitud. Mayormente valoran aumentar las estadísticas, llenar los templos, mantener cómodo al grupo del club cristiano y prevenir que los cruceristas abandonen el barco más que la conversión continua, la pureza, el crecimiento espiritual y la verdadera transformación.

Cuando una iglesia sobreenfatiza las relaciones horizontales, el pueblo de Dios tiende a desviarse hacia el denominador común más bajo. Nos comparamos unos con otros, y debido a que nuestro afecto está dirigido a los demás, nos volvemos como ellos. El apóstol Pablo advierte contra esta tendencia: «No nos atrevemos a contarnos ni a compararnos con algunos que se alaban a sí mismos; pero ellos manifiestan su falta de juicio al medirse con su propia medida y al compararse consigo mismos» (2 Corintios 10:12).

Las iglesias estadounidenses que son demasiado horizontales han desarrollado nuevas tendencias que son aterradoras y desastrosas. Las tasas de divorcio han aumentado, la dependencia de medicamentos recetados ha incrementado y el fracaso entre los líderes se ha intensificado. Neutralizaron la capacidad de la iglesia para influir en la cultura y la inmoralidad en la sociedad, que antes era más controlada, se ha convertido en una carrera desenfrenada hacia los acantilados de la locura moral. Para entender el declive de las últimas décadas, considera lo siguiente:

- Tan reciente como en los inicios de la década de los noventa, aproximadamente el 90 por ciento de los adultos en EE. UU. se identificaban como cristianos.[5]

- En 2020, el Pew Center for Research estimó que solo el 64 por ciento de los estadounidenses eran cristianos.[6]
- De 2007 a 2022, el porcentaje de adultos que se identifican como ateos, agnósticos o sin preferencia creció del 16 por ciento al 29 por ciento. Al mismo tiempo, la proporción de adultos en EE. UU. que se identifican como cristianos cayó del 78 por ciento al 63 por ciento.[7]

Ese cambio hacia iglesias populistas y orientadas horizontalmente dejó a millones de cristianos sin preparación para resistir las tormentas culturales de las dos primeras décadas del siglo veintiuno. Sin aún haber echado raíces profundas, sin una comprensión bíblica o una relación vibrante y radical con Jesucristo, las conexiones con sus grupos de amigos en la iglesia los dejaron sin los anclajes necesarios para soportar las tormentas. A muchos simplemente se los llevó el viento, mientras que otros se desviaron del camino correcto.

La pandemia del COVID-19 exacerbó la fragilidad del cristianismo superficial, revelando su falta de profundidad y fortaleza vertical. El dieciséis por ciento de los asistentes a la iglesia dejaron de hacerlo por completo durante la pandemia.[8] La iglesia promedio todavía está perdiendo a uno de cada cuatro asistentes desde la pandemia. Y, justo antes del brote en 2019, más de 4500 iglesias protestantes en EE. UU. habían cerrado.[9]

A medida que la iglesia emerge de la pandemia, se está llevando a cabo una dirección radical de corrección y limpieza. La iglesia orientada a los mileniales ha confrontado múltiples fracasos, en cuanto a liderazgo como a la congregación. Esto ha provocado que la generación Z haga un clamor sorprendente por un cristianismo auténtico y bíblico que pueda soportar las tormentas. En muchos sentidos, la generación Z, aquellos nacidos aproximadamente entre 1995 y 2015, emerge de este modelo excesivamente horizontal y ahora busca una conexión vertical restaurada con Jesús. Esa búsqueda es una de las razones por las que el movimiento de adoración se expresa de manera tan fuerte en las nuevas generaciones. Anhelan conectarse verticalmente y establecer una relación con Dios que los sostenga en las tormentas de la vida.[10] Ellos también necesitan descubrir las disciplinas espirituales más allá de la adoración de una manera nueva para desarrollar la profundidad necesaria para defender a Cristo en el caos del siglo veintiuno. Estas disciplinas incluyen el ayuno.

La respuesta vertical

Personalmente, creo que Dios está llamando a muchas congregaciones a reenfatizar su relación vertical con Él y a reconectarse con lo eterno. El ayuno es una de las disciplinas espirituales más verticales, así como una de las más efectivas para alejar a los creyentes de las atracciones terrenales y centrarlos en su relación personal con Cristo. Cuando individuos o iglesias locales participan en un ayuno piadoso, pueden esperar una actividad vertical renovada.

> *El ayuno es una de las disciplinas espirituales más verticales, así como una de las más efectivas para alejar a los creyentes de las atracciones terrenales.*

La cruz de Cristo es el mayor símbolo del cristianismo en todo el mundo. Dondequiera que estés, conozcas o no el idioma, identificas una cruz con el cristianismo. La cruz sigue siendo el signo positivo de Dios para el mundo debido a lo que Jesús hizo en una cruz hace dos mil años.

> *Jesús murió en la cruz para llevarnos a Dios y conectarnos verticalmente con nuestro Padre celestial.*

La cruz encarna y revela la vida cristiana. La cruz tradicional estaba hecha de dos vigas de madera, una horizontal y otra vertical. De esta manera, la cruz representa toda la vida cristiana, que es tanto vertical como horizontal. Jesús murió en la cruz para llevarnos a Dios y conectarnos verticalmente con nuestro Padre celestial. También murió para conectarnos horizontalmente con nuestros compañeros creyentes.

La vida cristiana se vive en estos dos planos:

- Debemos vivir en una relación pura con Dios, y debemos vivir en una relación pura con los demás.
- Debemos servir a Dios y debemos servirnos unos a otros.
- Debemos amar a Dios y debemos amarnos unos a otros.
- Debemos someternos a Dios y debemos someternos unos a otros.

Las iglesias locales también viven en estos dos planos. La iglesia debe conectarse verticalmente con Dios de una manera sólida a través de la oración, la adoración y la actividad sobrenatural. Del mismo modo, y de una manera igualmente firme, la iglesia debe conectarse horizontalmente en el compañerismo, el servicio y la vida cristiana práctica. Cuando estas conexiones se desbalancean, la iglesia se inclina, se vuelve disfuncional y pierde parte de su efectividad.

Muchas congregaciones bien conectadas verticalmente necesitan conectarse mejor horizontalmente promoviendo un mayor compañerismo. Sin embargo, en la mayoría de las iglesias occidentales, sucede lo contrario. La pregunta no es tanto si necesitamos actividad vertical como horizontal en la iglesia. Como el huevo y la gallina, ambas dependen una de otra. La verdadera pregunta es: ¿cuál de estas dimensiones es de importancia primaria? En el orden de Dios, la conexión con Él tiene prioridad sobre la conexión con los demás. La vertical debe venir primero.

Jesús nos enseñó estos dos grandes principios de conectarnos con Dios y conectarnos con los demás como los principios fundamentales de la vida cristiana. Sin embargo, Jesús estableció una prioridad, cuando dijo:

«"Amarás al Señor tu Dios con todo tu corazón, con toda tu alma y con toda tu mente". Éste es el primero y grande mandamiento. Y el segundo es semejante: "Amarás a tu prójimo como a ti mismo". De estos dos mandamientos dependen toda la Ley y los Profetas» (Mateo 22:37-40).

Jesús resumió toda la ley de Dios en estos dos principios básicos. Luego compartió que nuestra relación con Dios debe estar por encima de todo lo demás. El primer o principal mandamiento es amar a Dios con todo nuestro corazón, alma y mente. Amar a Dios y conectarnos con Él verticalmente es lo que separa a la iglesia cristiana del resto del mundo. Sí, debemos amarnos unos a otros, resultando en que otros sepan que somos sus discípulos por nuestra correcta conexión horizontal; pero nuestro amor por Él debe venir primero.

Millones de personas en todo el mundo han aprendido a tratar a los demás con respeto, amabilidad e incluso amor, sin confiar en Cristo como su Salvador. Odio admitirlo, pero los pecadores a veces me han tratado tan bien o mejor que aquellos que profesan a Cristo. Miembros de organizaciones, clubes, sociedades y otras religiones han aprendido cómo establecer una relación de amistad. Nuevamente, nunca debería ser cierto que las relaciones horizontales fuera de la iglesia sean mejores que las de dentro de la iglesia. Deberíamos ser el mayor ejemplo de amor, aceptación, comprensión y compasión en el planeta Tierra, y lo seremos cuando la dimensión vertical de nuestra fe sea la prioridad.

> *Sí, debemos amarnos unos a otros, pero nuestro amor por Él debe venir primero.*

Lo que separa a la iglesia del mundo no es simplemente que sepamos cómo tener mejores amistades que el mundo; es que conozcamos al Dios vivo verdaderamente, y sepamos que Él está dentro de y con nosotros. La iglesia es diferente porque es la casa de Dios, su hogar, su templo, y nosotros somos su pueblo.

Ejemplos bíblicos

Descubrimos un ejemplo de este principio en Betel.[11] Cuando Jacob había dejado la casa de su padre para ir a Harán y encontrar una esposa, llegó a un lugar donde pasaría la noche. Allí tomó una piedra y la utilizó como almohada, como había hecho su abuelo Abraham muchos años antes en su viaje a Canaán. Mientras dormía sobre su dura almohada, Jacob soñó con una escalera que se extendía verticalmente desde la tierra y conectaba con el cielo. Vio ángeles ascendiendo y descendiendo por la escalera. Experimentó la actividad vertical entre el cielo y la tierra.

El Señor estaba de pie sobre la escalera y habló a Jacob, reafirmando su promesa a Abraham a través de él. Fue una poderosa visita para Jacob. Se había conectado verticalmente con el Dios vivo. Cuando Jacob despertó, se frotó los ojos y declaró con asombro: «Ciertamente Jehová está en este lugar, y yo no lo sabía» (Génesis 28:16). Tenía miedo y continuó diciendo: «¡Cuán terrible es este lugar! No es otra cosa que casa de Dios y puerta del cielo» (v. 17). Jacob llamó el nombre del lugar Bet-el, que significa «casa de Dios». Allí Jacob escuchó la promesa de Dios, se conectó con el Dios vivo y se comprometió plenamente al servicio de Dios. Sabía que esta era la casa de Dios, porque se encontró con Dios allí. Bet-el era un lugar de actividad vertical.

El templo de Salomón es otro ejemplo de que la casa de Dios es principalmente un lugar para la conexión vertical. El proceso que David experimentó para establecer la ubicación del templo que Salomón construiría ayuda a verificar este punto.

Nuestro adversario, el diablo, puede usar incluso a los mejores de nosotros. Según 2 Samuel y 1 Crónicas, el rey David lo descubrió. El escritor de 1 Crónicas dice: «Se levantó Satanás contra Israel e incitó a David a que hiciera censo del pueblo» (21:1). Cerca del final de la vida de David, ordenó a Joab y a su equipo de liderazgo que contaran el número de hombres de combate en su reino. Quería saber la capacidad y el poder de Israel en la batalla. Esta acción desagradó al Señor, porque siempre deseó que el rey y su pueblo dependieran de Él y no de sus propias fuerzas o números. Dios le había demostrado a Israel que podía salvarlos, fueran muchos o pocos, por lo que gloriarse de su número de hombres de combate no era necesario. Aunque el censo reveló que había más de un millón y medio de hombres en su ejército, ese ejercicio desagradó al Señor, por lo que Israel recibió la corrección de Dios.

Dios habló a través de Gad, ministro de David, dándole a David una opción de castigo por lo que había hecho. Las opciones eran tres años de hambre, tres meses de derrota a manos de sus enemigos, o tres días de pestilencia en la Tierra. David eligió atenerse a la misericordia de Dios en lugar de permitir que sus enemigos los derrotaran durante tres meses. El Señor determinó que enviaría a un ángel para desatar una pestilencia sobre la Tierra. Enseguida, más de setenta mil hombres murieron durante la plaga que el ángel desató. Cuando la pestilencia llegó a Jerusalén, Dios se compadeció del pueblo y ordenó al ángel que detuviera su juicio.

El ángel guerrero cesó su actividad en la era de trillo de un jebuseo llamado Ornán. Mientras David oraba al Señor, vio al ángel de pie en ese lugar tan singular. David compró el lugar donde se trillaba la cosecha, porque allí demostró Dios su misericordia y allí vio al ángel del Señor. El envejecido rey construyó un altar, ofreció holocaustos y ofrendas de paz, y luego invocó al Señor y vio fuego descender del cielo sobre el altar en ese lugar de gracia. El ángel guardó su espada y David se conectó con el cielo en un antiguo lugar de trillo. Al igual que Jacob en Bet-el, David llamó a ese lugar de actividad vertical la casa de Dios. «Y dijo David: Aquí estará la casa de Jehová Dios, y aquí el altar del holocausto para Israel» (1 Crónicas 22:1).

No es una coincidencia que en este mismo lugar de actividad vertical, Salomón, el hijo de David, construyera el templo del Señor. La casa de Dios siempre ha estado destinada a ser un lugar de actividad vertical: un lugar donde Dios y el hombre se conectan, donde la oración y la alabanza ascienden, y donde los mensajeros y el mensaje de Dios descienden. El templo fue construido como una puerta de entrada, un lugar donde las personas podían conectarse con el cielo, un lugar de actividad vertical.

Cuando Jesús ministró en el templo reconstruido (todavía sobre el antiguo sitio de la era de trillo) en Jerusalén, no encontró una casa de actividad vertical. Siempre que falte la gloria de Dios en su iglesia, la iglesia se moverá hacia una dependencia excesiva de la actividad horizontal. La iglesia también se moverá hacia la corrupción en la comparación humana. Esa fue la diferencia que encontró Jesús cuando visitó el templo. Era un lugar de actividad, pero la actividad simplemente iba en una dirección equivocada.

«Entró Jesús en el templo de Dios y echó fuera a todos los que vendían y compraban en el Templo; volcó las mesas de los cambistas y las sillas de los que vendían palomas, y les dijo:

"Escrito está: 'Mi casa, casa de oración será llamada', pero vosotros la habéis hecho cueva de ladrones"» (Mateo 21:12–14).

«Y les enseñaba, diciendo: —¿No está escrito: "Mi casa será llamada casa de oración para todas las naciones"? Pero vosotros la habéis hecho cueva de ladrones» (Marcos 11:17).

Jesús encontró que el templo de Dios era una casa con muy poca actividad vertical, mientras que la actividad horizontal estaba a un ritmo frenético. Ese desequilibrio describe a muchas iglesias en el mundo occidental. Las actividades horizontales han reemplazado lentamente a las verticales. Muchas iglesias se ocupan de actividades, pero estas no conducen a su gente a ninguna parte. Están ocupadamente conectados dentro de su iglesia, disfrutando de la religión, pero sus corazones no han cambiado y no están experimentando la gloria de Dios. Esta situación es la más peligrosa de todas. El elixir de la actividad religiosa realizada en nombre de Cristo ha reemplazado al Cristo viviente en su casa.

Jesús vino a restablecer la conexión vertical. Él limpió el templo, reclamó su propósito principal como casa de oración para todas las personas y de inmediato comenzó a demostrar la maravilla de la conexión vertical al sanar a quienes se acercaban a Él.

Hoy, la casa de Dios no está hecha de mortero y piedra, sino de personas. Según Pedro, el pueblo de Dios está edificado como una casa espiritual (1 Pedro 2:5), y, según Pablo, hemos sido edificados para ser una morada de Dios a través del Espíritu (Efesios 2:22). La iglesia debe ser un lugar donde la conexión vertical con el cielo sea primaria, no secundaria. La muerte religiosa que rodea a la iglesia de hoy día exige que restablezcamos lo vertical.

> *Jesús vino a restablecer la conexión vertical.*

Debemos permitir que el Espíritu expulse la corrupción horizontal de la ambición política, el favoritismo, las comparaciones humanas y la tentación de confiar en nuestra propia fuerza a cambio de la gloria vertical.

En Hechos 3, vemos el marcado contraste entre la impotencia horizontal y el poder vertical. La puerta, la Hermosa, en la entrada del templo era un gran lugar para un mendigo. Personas de todo el mundo pasaban por esa puerta a diario. Eran peregrinos religiosos que habían viajado a Sion para hacer sacrificios a Dios. Los fieles judíos se sentían religiosamente generosos cuando llegaban al templo. Así, un mendigo pidiendo limosna en esa puerta podría cosechar el máximo beneficio.

Desde el día de su nacimiento hasta ese día registrado en Hechos 3, un hombre de cuarenta años nunca había caminado. Incapaz de trabajar, había pasado toda su vida adulta pidiendo la ayuda de otros. La vergüenza y el reproche por tal vida se habían desvanecido hacía mucho tiempo, y ahora simplemente esperaba continuar su existencia. Cada día recibía gran simpatía de los peregrinos religiosos que pasaban por la entrada del templo. Sus sonrisas, su calidez y, sobre todo, su generosidad, le permitían conectarse con personas de todo el mundo. Se sentía consolado.

De la misma manera, la religión puede consolar a las personas, pero no tiene la capacidad de curarlas. Muchas de las iglesias de hoy en día son adictas al consuelo horizontal, pero rara vez producen sanidad. Su actividad religiosa y las amistades relacionadas con la iglesia hacen que las personas se sientan mejor, pero no hay poder para hacerlas productivas o restaurar la capacidad que han perdido de reproducirse en otros.

Cuando Pedro y Juan pasaron por la puerta de camino a la oración, el hombre cojo se encontró con algo más allá de la religión horizontal. Pedro ordenó al mendigo que los mirara. Como había hecho muchas veces, el hombre miró hacia arriba, esperando ser consolado una vez más. Esta vez, Pedro declaró que él y Juan no tenían los recursos financieros para ayudar al hombre, pero tenían algo mejor que darle. Pedro dijo: «En el nombre de Jesucristo de Nazaret, levántate y anda» (v. 6).

Tomando al hombre de la mano, Pedro lo levantó. Inmediatamente, el hombre comenzó a caminar, saltar y alabar a Dios. Este hombre de cuarenta años evitó la etapa de gateo y la etapa de niño, pasando inmediatamente a correr, saltar y alabar a Dios. El milagro fue asombroso: no solo fue consolado, ¡sino que fue curado!

¿Cuál fue la diferencia entre la visita al templo de otras personas y la visita de Pedro y Juan? La diferencia fue su conexión vertical. La verdadera iglesia, la nueva casa de Dios a la que Pedro y Juan representaban, estaba visitando la antigua casa de Dios llena meramente de actividad horizontal. La nueva casa estaba llena de actividad vertical, así como de maravillosas conexiones horizontales. La antigua casa de la religión podría brindar consuelo, pero la nueva casa de la relación viva podría traer una cura.

Más que consuelo

Nuestro mundo necesita algo más que consuelo por parte de una iglesia llena de actividad horizontal; necesita sanidad por parte de una iglesia donde las personas se encuentren con el Jesús vivo, porque su gloria está allí. Tal como Jesús expulsó a los cambistas y restableció la presencia de Dios en el templo, así creo que la iglesia de hoy debe priorizar su conexión vertical si quiere efectuar un cambio positivo.

> *La iglesia de hoy debe priorizar su conexión vertical si quiere efectuar un cambio positivo.*

¡Advertencia! Si estás en una iglesia obsesionada con la actividad horizontal, no será fácil establecer el tipo de actividad vertical que permitirá que tu casa sea conocida como Bet-el, la casa de Dios. El ayuno y la oración son una forma de ver cómo aumenta la conexión vertical en tu iglesia.

Hace varios años, pastoreé una iglesia que era extremadamente horizontal. Estaba llena de personas maravillosas que realmente disfrutaban conectarse entre sí. Desafortunadamente, la mayor parte de la actividad en la iglesia era horizontal. Retiros, reuniones grupales, eventos especiales, deportes, y así sucesivamente, consumían gran parte del calendario y la energía de las personas. Todas esas eran buenas actividades que los participantes podían defender.

Ese es el problema que enfrentan las iglesias excesivamente horizontales. Se han entregado a cosas buenas, pero han descuidado las mejores cosas: los tiempos de oración, el ministerio del altar, el testimonio y la adoración a menudo son cosas secundarias. Los eventos principales parecen ser el compañerismo y la comida. En muchas de estas congregaciones sucede lo siguiente:

- la gente asiste, pero sus vidas no son transformadas;
- los matrimonios sufren, a pesar de las muchas clases y retiros;
- los altares y los bautisterios están vacíos porque nadie se convierte, a pesar de los elocuentes sermones y la buena música;
- los jóvenes viven como los inconversos en la escuela, a pesar de los juegos de búsqueda del tesoro y las súper salidas recreativas;
- muchas personas son consoladas, pero muy pocas son sanadas.

Nuestros esfuerzos por establecer una actividad vertical en esa iglesia no fueron fáciles. Iniciamos con reuniones de oración, hicimos llamados a conversión, extendimos los servicios de altar, priorizamos la adoración y fomentamos el ayuno. Durante cinco años consecutivos, dirigimos a la iglesia a participar en un ayuno colectivo de cuarenta días. Puedo decir, sin duda, que esos ayunos de cuarenta días cada año fueron los días más grandes y difíciles que experimentamos durante el tiempo que pastoreé en esa iglesia. Entre un tercio y la mitad de la congregación participó en el ayuno cada año. Algunas personas ayunaban un día, algunas un día cada semana y otras una comida cada día. Otros ayunaban durante tres, siete o veintiún días; unos pocos ayunaban durante los cuarenta días completos. Su compromiso de ayunar era confidencial, solo me lo revelaban a mí como pastor. Mi compromiso era asegurarme de que cada día, durante esos cuarenta días, alguien en la iglesia estuviera ayunando. Los testimonios fueron asombrosos. Sus vidas cambiaron, así como las de sus familias y de la iglesia.

Cada año, mientras la iglesia participaba en ese tipo de sacrificio y búsqueda del Señor, experimentábamos avances y progresos. A veces, el progreso era muy doloroso. El pecado se revelaba, espíritus malignos se manifestaban, surgían dificultades, y Satanás siempre estaba al acecho. Sin embargo, la gloria de Dios era notable; los altares se abrían, la adoración se energizaba y todos los que participaban eran maravillosamente transformados. Y lo más importante: la atención de la congregación se dirigió hacia la prioridad divina de la conexión vertical. Todavía nos amábamos unos a otros,

> *Animar a tu iglesia para que ayune o, mejor aún, dirigir el camino mientras tú mismo ayunas, moverá a la iglesia para que sea un pueblo de la cruz y muera al yo. De ese modo, se conectará debidamente, tanto vertical como horizontalmente.*

todavía teníamos grandes eventos de compañerismo y todavía disfrutábamos de actividades juntos, pero nuestro enfoque había cambiado sutilmente. Queríamos ser algo más que meramente una buena casa. Queríamos ser la casa de Dios.

Animar a tu iglesia para que ayune o, mejor aún, dirigir el camino mientras tú mismo ayunas, impulsará a la iglesia para que sea un pueblo de la cruz y muera al yo. De ese modo, se conectará debidamente, tanto vertical como horizontalmente. Cuando ayunamos, nos unimos a nuestros hermanos y hermanas cristianos mientras nos unimos al Amigo que se adhiere más cerca que un hermano.

Capítulo 3: Preguntas para la reflexión

1. ¿Tiendes a depender más de tus conexiones horizontales que de tu conexión vertical con Dios? Si es así, ¿cómo afecta esa dependencia a tu vida espiritual?

2. ¿Cómo fortalecerá una conexión vertical más estrecha con Dios tus conexiones horizontales con los demás?

3. ¿Has experimentado que tu iglesia es un lugar principalmente de actividad horizontal o vertical?

4. ¿Cómo afectaría nuestra conexión vertical con Dios a la iglesia en general y al mundo que nos rodea?

5. Considera lo siguiente: «La actividad religiosa y las amistades en la iglesia hacen que las personas se sientan mejor, pero carecen de poder para hacerlas productivas o para restaurar la capacidad que han perdido». ¿Cómo podría el ayuno ayudarnos a recuperar la productividad divina?

En la medida en que el ayuno se convierta en una norma más en nuestra vida cristiana diaria, tanto a nivel individual como congregacional, seremos más efectivos en la guerra espiritual.[1]

Peter Wagner

Dicen: «¿Por qué ayunamos y no hiciste caso, humillamos nuestras almas y no te diste por entendido?». He aquí que en el día de vuestro ayuno buscáis vuestro propio interés y oprimís a todos vuestros trabajadores. He aquí que para contiendas y debates ayunáis, y para herir con el puño inicuamente; no ayunéis como lo hacéis hoy, para que vuestra voz sea oída en lo alto. ¿Es éste el ayuno que yo escogí, que de día aflija el hombre su alma, que incline su cabeza como un junco y haga cama de telas ásperas y de ceniza? ¿Llamaréis a esto ayuno y día agradable a Jehová? El ayuno que yo escogí, ¿no es más bien desatar las ligaduras de impiedad, soltar las cargas de opresión, dejar ir libres a los quebrantados y romper todo yugo? ¿No es que compartas tu pan con el hambriento, que a los pobres errantes albergues en casa, que cuando veas al desnudo lo cubras y que no te escondas de tu hermano? Entonces nacerá tu luz como el alba y tu sanidad se dejará ver enseguida; tu justicia irá delante de ti y la gloria de Jehová será tu retaguardia.

Isaías 58:3–8

Una huelga de hambre contra el infierno: cambiar la percepción del ayuno

El hombre frágil y delgado parecía una imagen surrealista. Sus huesos sobresalían de su cuerpo como un gran perchero sosteniendo un suéter delgado, mientras su piel oscura contrastaba vivamente con la ropa blanca translúcida que llevaba. Su cabeza calva, su sonrisa amable y sus finas gafas son bien recordadas por cualquiera que haya estudiado la historia nacional de la India. Mahatma Gandhi fue un individuo único que cambió el mundo.

Este brillante líder indio lideró protestas no violentas contra el gobierno británico por la independencia de su nación. Aunque la India era ampliamente diversa a principios del siglo veinte, Gandhi pudo comunicarse con la gente por algunos medios inusuales.

Uno de los métodos de protesta no violenta y de comunicación no verbal que Gandhi utilizó fue el ayuno o autocastigo al dejar de comer. Gandhi pasaba días sin comida para llamar la atención de las naciones y del mundo sobre la difícil situación de la India. Él abrazó las restricciones del ayuno para que su pueblo pudiera ser libre.[2]

Años más tarde, en América, César Chávez adoptó algunos de los métodos de Gandhi al dirigir huelgas de hambre para protestar contra la situación de los trabajadores migrantes en las granjas agrícolas de California. Chávez, al igual que Gandhi, pasaba días sin comer con la intención de llamar la atención sobre el maltrato a los trabajadores de California. Esperaba brindarles una mayor libertad. Con el tiempo, Chávez logró ganar muchas reformas para los trabajadores. En consecuencia, es visto por muchos en la comunidad hispanoamericana como una figura comparable a Martin Luther King Jr., de la comunidad afroamericana.[3] Tanto Gandhi como Chávez utilizaron el ayuno como protesta para lograr una mayor libertad y un cambio político. Estos líderes alcanzaron el éxito debido a su disposición a sufrir por el bien de otros.

A lo largo de la historia, las personas también han utilizado las huelgas de hambre para protestar por sus propias situaciones personales. Las mujeres sufragistas encarceladas a principios del siglo veinte ayunaron en huelgas de hambre. En 1909, Marion Wallace Dunlop lideró el camino cuando se negó a comer en protesta por ser etiquetada como criminal en lugar de prisionera política. Marion fue liberada de la prisión por temor a que pudiera morir. Otras prisioneras sufragistas rápidamente adoptaron la huelga de hambre. En última instancia, las autoridades desarrollaron un plan de alimentación forzada de las prisioneras para evitar que murieran.[4]

La historia registra que el ayuno, incluso por razones seculares, puede ser poderoso. El ayuno ha logrado libertad personal y política para muchos. Sin embargo, para el cristiano no se trata de lograr metas políticas o personales. El ayuno se realiza para obtener libertad espiritual y lograr cambios por el bien de otros.

> *El ayuno se realiza para obtener libertad espiritual y lograr cambios por el bien de otros.*

En muchos sentidos, el ayuno del creyente es una huelga de hambre contra el infierno. Apartamos nuestros platos en protesta por la esclavitud espiritual impuesta por Satanás sobre nuestros semejantes. Nuestra huelga de hambre espiritual clama por la atención y la ayuda del cielo para traer liberación a los oprimidos.

Perspectiva bíblica sobre el ayuno

El ayuno es muy personal y, para algunas personas, puede tornarse muy egoísta. Debemos tener cuidado y recordar que nuestro avance a través de cualquier disciplina espiritual no es solo para nuestro propio bien, sino también para el bien de aquellos a quienes servimos. Uno de los mayores resultados que podemos esperar del ayuno es la bendición y la libertad que otros experimentarán.

Isaías 58 registra la palabra del Señor a través de su profeta, corrigiendo al pueblo de Israel respecto a su intención de ayunar. Durante una lectura somera de ese capítulo, podría parecer que el Señor está reprendiendo a Israel por participar en esta disciplina. Sin embargo, cuando indagamos más, la Escritura revela que Dios no está reprendiendo a los israelitas por ayunar; más bien, los está reprochando por *la manera* en que estaban ayunando. El pueblo cuestionaba a Dios por su aparente falta en reconocer sus ayunos: *¿Es en vano nuestro privarnos de comida? Si no, entonces, ¿por qué el enemigo parece más fuerte? ¿Estamos siendo derrotados más que nunca?* El Señor usó ese momento de vulnerabilidad para iluminar al pueblo sobre por qué ignoraba sus ayunos. Una revisión de Isaías 58 revela la respuesta simple: ¡eran egoístas!

Israel estaba ayunando para que Dios los escuchara y les diera mayor poder en sus planes personales. Estaban manipulando el sacrificio exterior para elevarse a sí mismos, mientras menospreciaban a los demás. Estaban adelgazando, pero también se estaban volviendo más arrogantes. El pueblo usaba su tiempo de no comer para trabajar más y encontrar mayor placer. Sus ayunos carecían de un enfoque espiritual o, peor aún, eran egocéntricos, y Dios no estaba interesado en que se vieran mejor: Él quería tocar el mundo a través de ellos.

Centrarse en uno mismo es un peligro que debemos evitar durante cualquier temporada de ayuno. Debido a la naturaleza reflexiva de la limpieza espiritual, el dolor de la desintoxicación y el clamor de nuestro cuerpo por atención durante un ayuno, podemos fácilmente volvernos hacia nuestro interior, creyendo que el ayuno se trata solo de nosotros, y no acerca de Dios y los demás. Para progresar espiritualmente, debemos derrotar el autoenfoque, lo que el Señor quiere hacer durante nuestras temporadas de búsqueda de Él.

Una manera de derrotar el autoenfoque es continuar revisando los propósitos bíblicos del ayuno. Cuando ayunamos por la razón correcta, nuestro enfoque permanece centrado en Dios, y deseamos que otros sean bendecidos más que nosotros mismos a través de nuestro sacrificio. Recuerda: el ayuno se trata de la autonegación, no de la autorrealización. Con este objetivo en mente, menciono algunas razones muy equivocadas para ayunar. Ayunar por estas razones incorrectas puede hacernos más daño espiritual que no ayunar en absoluto.

Razones incorrectas para ayunar

Algunos cristianos ayunan por las razones incorrectas. Aquí expongo algunas de las principales:

1. *Nunca deberíamos ayunar para obtener méritos con Dios.* El ayuno no nos hace mejores que otros cristianos, ni nos coloca en la fila para recibir un premio divino. Nunca podemos merecer la gracia o misericordia de Dios, sin importar cuántas comidas dejemos a un lado o cuántas oraciones hagamos. Dios nos da su gracia solo a través del mérito que Jesucristo ganó en la cruz. El ayuno nos acerca a Él, donde podemos recibir la gracia que Él compró para nosotros.

2. *Nunca deberíamos ayunar para librarnos del pecado.* Nuevamente, solo hay un sacrificio por el pecado, y ese es nuestro Señor Jesús. El ayuno nos permite expresar nuestro arrepentimiento ante Dios de una manera tangible, pero no tiene poder inherente para limpiarnos eternamente del pecado o sus consecuencias. Confiar en la sangre de Jesús, derramada en la cruz por nuestras faltas, es la única manera en que Dios nos limpia de nuestros pecados. Cuando Israel ayunaba en el Día de la Expiación, lo hacía para recordar el dolor y la miseria del pecado.

> *Dios nos da su gracia solo a través del mérito que Jesucristo ganó en la cruz.*

Para que el pecado de Israel quedara cubierto en el Día de la Expiación, se requería el derramamiento de sangre de un sacrificio consagrado. Jesús es el sacrificio consagrado de Dios, y aunque nuestro ayuno nos recuerda la terrible naturaleza de nuestro pecado, solo la sangre de Cristo puede pagar esa deuda.

3. *Nunca deberíamos hacer un ayuno espiritual para perder peso.* Muchos creyentes se obsesionan tanto con los aspectos físicos de

su ayuno que se convierte en un plan de dieta cristiana acelerado. Ayunar por razones de salud es aceptable, pero las ventajas de tener buena salud son solo uno de los beneficios menores y no deberían ser primordiales al ayunar por razones espirituales. La pérdida de peso por ayuno generalmente se recuperará casi inmediatamente después de un ayuno. Algunos incluso recuperan más peso debido a cambios en su metabolismo y la tendencia de las células del cuerpo a almacenar grasa después del ayuno.

Si simplemente quieres verte mejor, cambia tus hábitos alimenticios, sigue una buena dieta y haz ejercicio. Durante un ayuno espiritual, deberíamos estar estudiando más la Palabra de Dios para que nos transforme. Ayunamos para que Dios cambie nuestro ser interior para su gloria y para que otros sean bendecidos a través de nuestro sacrificio.

4. *Nunca deberíamos ayunar para que los demás se fijen en nosotros.* Las declaraciones de Jesús en el sermón del monte claramente nos advierten contra el sacrificio personal para la aprobación de los hombres.[5] Las sutiles tentaciones por la admiración de los demás pueden ser fuertes para algunas personas. A veces, ellos hacen público su ayuno de maneras que los hacen parecer más espirituales que los demás.

A lo largo de los años, he conocido a cristianos que, aunque se entregaban al ayuno, eran inmaduros, faltos de amor y tenían luchas con su carne. Sufrían una desconexión espiritual y considero que algunos ayunaban para que los demás los reconocieran. Recuerda: Dios nota las cosas que se hacen en secreto y, cuanto más discreto sea tu sacrificio, más significativa será tu bendición.

Si estamos motivados por lo que piensan los demás, solo obtendremos lo que los demás pueden dar, que será un reconocimiento momentáneo o unas palabras de felicitación. Si, por el contrario, estamos motivados por lo que piensa nuestro Señor, podremos recibir lo que Él nos puede dar. El potencial de sus bendiciones es ilimitado. Una elección fácil, ¿no crees?

Enfocarse en las necesidades de los demás

Así como el Señor, a través de Isaías, corrigió a Israel por su autoenfoque en el ayuno, también los animó a centrarse en las necesidades de los demás. Debemos recordar a los hambrientos y heridos mientras experimentamos hambre y dolor nosotros mismos.

La iglesia primitiva adoptó una práctica que creo que merece ser imitada. Al ayunar, los creyentes debían ahorrar el dinero que normalmente gastarían en comida y usarlo para los pobres.[6] En otras palabras, su ayuno tenía un propósito práctico y muy claro de ayudar a otros con el dinero que ahorraban. Aunque ese no era ciertamente el valor espiritual más alto del ayuno, era una forma práctica y bendecida de evitar que se centraran en sí mismos.

> *Debemos rechazar nuestro plato por causa de un mundo que está perdido y necesita el evangelio de Jesucristo.*

Hace varios años, World Vision adoptó una forma modificada de ese plan con un programa llamado *30 Hour Famine* (Hambre de 30 horas), un ayuno juvenil de toda la noche diseñado para ayudar a los jóvenes a sentir el dolor del hambre mundial y recaudar fondos para los necesitados.[7] Mi participación en un par de estos ayunos juveniles de 30 horas me sirvió de mucha bendición.

Cuando sacamos el tiempo para buscar al Señor en ayuno, también debemos centrarnos en ganar a los perdidos. En mi opinión, nada es más importante que esta prioridad. Debemos rechazar nuestro plato por causa de un mundo que está perdido y necesita el evangelio de Jesucristo. El quebrantamiento que experimentamos en el ayuno permite que el amor de Dios fluya a través de nosotros y nos prepare para ser mensajeros de Dios para una generación quebrantada. La mayor cosecha de almas perdidas que han sido salvas por Jesucristo en mi ministerio ha ocurrido durante y después del ayuno. Me ha sorprendido cómo Dios utiliza esos momentos para soltar los lazos de maldad, deshacer las cargas pesadas y dejar libres a los oprimidos. Cada comida de la que nos abstenemos vale la pena con tal de que las personas encuentren el perdón de Jesús y comiencen una nueva vida con Él.

Atar al hombre fuerte

Alcanzar a esta generación de personas perdidas requerirá una guerra espiritual en niveles elevados. El ayuno nos ayuda a atar al hombre fuerte, Satanás, para que la iglesia pueda entrar en su territorio. Jesús dijo que a menos que el hombre fuerte sea atado, no podremos entrar en su casa: «Pero si yo por el Espíritu de Dios echo fuera los demonios, ciertamente ha llegado a vosotros el reino de Dios, pues ¿cómo puede alguno entrar en la casa del hombre fuerte y saquear sus bienes, si primero no lo ata? Entonces podrá saquear su casa» (Mateo 12:28-29).

Nuestro deseo es saquear la casa de la oscuridad y conducir a aquellos que están atados a la maravillosa luz de Dios. Si vamos a invadir la casa moribunda de Satanás, primero debemos atar al guardián fuerte que busca mantener las puertas del infierno cerradas para que la iglesia no penetre. Jesús mismo ató al hombre fuerte antes de penetrar en su casa. Podemos aprender mucho sobre ese saqueo por medio del ayuno de Jesús y la tentación en el desierto por el diablo.

Después del bautismo en agua de Jesús en el río Jordán, el Espíritu Santo descendió sobre Él en forma de paloma.[8] El Padre apoyó públicamente al Hijo, y el Espíritu ungió a Jesús para su ministerio público. Después de treinta años de relativa obscuridad en Nazaret, Jesús fue impulsado a un ministerio de tres años que cambió el mundo para siempre. Antes de entrar en ese segmento tan importante de su obra terrenal, el Espíritu de Dios llevó a Jesús a un largo ayuno en el inhóspito desierto de Judea. Esos días sin comer fueron preparatorios para el ministerio futuro.

Dos escritores de los Evangelios relatan que el Espíritu *condujo* a Jesús al desierto, y otro afirma claramente que el Espíritu lo *impulsó* al desierto. Obviamente, la unción movió a Jesús a ese prolongado tiempo de batalla espiritual en lo que podría equipararse a un combate cuerpo a cuerpo contra el hombre fuerte de la Tierra.

Durante miles de años antes de la venida de Cristo, Satanás mantuvo a la humanidad en esclavitud espiritual. Millones murieron bajo su vigilancia cautiva, hundiéndose en una eternidad sin Cristo.

A través de su rebelión, Adán cedió el cetro de su dominio sobre la Tierra a ese ángel rebelde convertido en hombre fuerte llamado Lucifer. Jesús vino a destronar a Lucifer de su presumido rol, reclamar el cetro del dominio terrenal, destruir sus obras y liberar a sus súbditos. ¡Ese plan de salvación fue una declaración de guerra!

Muchas veces, cuando el Espíritu nos dirige a ayunar, Él está tratando de prepararnos para lo que está por venir, al guiarnos a la guerra espiritual. A través del ayuno, podemos obtener la victoria antes de que la guerra comience si atamos al hombre fuerte en un golpe preventivo de intercesión. Nuestra victoria en el reino invisible se volverá visible por medio de un progreso tangible contra el reino de las tinieblas. La victoria de Cristo sobre Satanás en el desierto dejó la casa de la oscuridad vulnerable a una invasión de luz. Necesitamos examinar de cerca la batalla de Cristo en el desierto con Lucifer para entender cómo seremos tentados durante y después de un ayuno, además de cómo podremos atar al hombre fuerte en una victoria futura.

> *A través del ayuno, podemos ganar la victoria antes de que la guerra comience.*

Un descubrimiento que harás mientras ayunas es que los momentos y días posteriores a romper un ayuno son clave para obtener la victoria que Dios tiene para ti. Muchas veces durante un ayuno, experimentarás una gran calma y paz. Sientes que todo está bien y te sientes como si estuvieras en un capullo espiritual. Cuando el ayuno termina, puedes sentir como si todo el infierno se hubiera desatado. Esto es exactamente lo que sucede. El reino de

Satanás se da cuenta de tu búsqueda del Señor y comprende que tu cercanía al Creador significa que su reino está en problemas. Los mensajeros de la oscuridad suelen apresurarse a detenerte antes de que los cautivos sean liberados.

Cuando ayunas, especialmente en un ayuno prolongado, te sientes casi «mentalmente celestial», o como si estuvieras en algún lugar entre el cielo y la tierra. Cuando te sientas junto al Señor en lugares celestiales y te comunicas con Él, experimentas una dimensión que es casi de otro mundo. Por el contrario, cuando rompes un ayuno, vuelves a entrar en el campo de batalla de este mundo. Esa transición podría compararse a emerger de una escuela de entrenamiento espiritual. Te estás graduando del campo de entrenamiento y debes pasar las pruebas necesarias para salir victorioso en las batallas que se avecinan. Al romper tu ayuno, la forma en que manejas las pruebas de la tentación determinará tu nivel de victoria para el futuro. Jesús enfrentó y superó el mismo tipo de pruebas que tú enfrentarás durante y después de un ayuno. Aunque hay numerosas tentaciones diarias que todos enfrentamos, 1 Juan 2:15-16 describe tres áreas de influencia del mundo que deben ser conquistadas:

«No améis al mundo ni las cosas que están en el mundo. Si alguno ama al mundo, el amor del Padre no está en él, porque nada de lo que hay en el mundo —*los deseos de la carne, los deseos de los ojos* y *la vanagloria de la vida*— proviene del Padre, sino del mundo» (énfasis del autor).

Esas tres influencias amplias y continuas del sistema mundial son antiDios, surgiendo de la rebelión de Satanás y del hombre contra

Dios. Satanás utiliza esas influencias para alejar a los creyentes de Dios y mantener intacto el reino de las tinieblas. Cuando Jesús se estaba preparando para saquear la casa del hombre fuerte, primero derrotó a esas fuerzas. El relato de Lucas sobre la tentación en el desierto registra cómo Jesús ganó la victoria.

Los deseos de la carne

Después de un ayuno, la tentación se intensifica. El escritor de Santiago afirma: «...que cada uno es tentado, cuando de su propia pasión es atraído y seducido» (1:14).

Nuestros deseos nos hacen vulnerables a la tentación. Satanás nos ayuda a alimentar esos deseos para que se conviertan en pecado. Cuando terminas un ayuno, normalmente tendrás dificultades con los deseos de tu carne. No te sorprendas por eso; simplemente prepárate para la lucha. Habiendo sido suprimidos por una temporada, tus deseos carnales buscan ser satisfechos rápidamente, lo que lleva a una tentación multiplicada. Posiblemente los deseos de la carne no sean pecaminosos en sí, pero nuestro enemigo quiere que los satisfagamos de maneras ilegítimas.

«...por cuarenta días, y era tentado por el diablo. No comió nada en aquellos días, pasados los cuales tuvo hambre. Entonces el diablo le dijo: Si eres Hijo de Dios, di a esta piedra que se convierta en pan. Jesús, respondiéndole, dijo: —Escrito está: "No sólo de pan vivirá el hombre, sino de toda palabra de Dios"» (Lucas 4:2-4).

¡Jesús tenía hambre! ¿Quién no la tendría después de estar sin comer por cuarenta días? Ese tipo de hambre no era como los retortijones de hambre que normalmente sentimos alrededor de la hora del almuerzo. Era hambre profunda, más allá de un estómago doliente. El cuerpo de Cristo estaba agotado y necesitaba nutrición para sobrevivir. El hambre física es legítima. Dios nos creó con hambre para que recibiéramos los nutrientes necesarios para una existencia saludable. Uno de los primeros instintos de un bebé es buscar comida. Comer no es un pecado si está dentro de los parámetros de Dios.

En el desierto, Satanás tentó a Jesús utilizando ese deseo natural de manera incorrecta. El hombre fuerte tentó al nuevo hombre a convertir las piedras en pan y satisfacer su hambre. Ese milagro creativo ciertamente habría estado dentro de la capacidad de Jesús para lograrlo. Más tarde, multiplicaría los panes y peces para alimentar a la multitud, convertiría el agua en vino y atraería una gran pesca a la red de Pedro. Jesús podría haber creado una panadería sobrenatural entera en la ladera y haberla llamado Café Piedras, pero no deseaba satisfacer el deseo de su carne bajo la dirección de Satanás. Jesús se sometió a la Palabra de Dios, citando la Escritura.

Después de un ayuno, nuestros apetitos normales buscarán una satisfacción inmediata, haciéndonos vulnerables a la tentación. Cuando eso sucede, se experimenta la verdadera prueba de nuestro ayuno. Debemos evaluar nuestros motivos:

- ¿Ayunamos simplemente para ser vistos, porque alguien nos presionó?
- ¿Ayunamos porque nuestra confianza está en el Señor?
- ¿Ayunamos porque lo amamos a Él o simplemente porque queremos satisfacer nuestras necesidades?

Si confiamos en Él durante el ayuno, entonces podemos confiar en Él después del ayuno. El hambre física, el deseo sexual, la necesidad de descanso y el anhelo de cercanía humana son todos deseos naturales que Dios creó para sus propósitos. Satanás nos tienta con satisfacer esos deseos de maneras que nos alejan de la voluntad de Dios para nuestra vida. Prepárate, porque al final de tu ayuno, el enemigo intentará impedir que hieras su reino al satisfacer tus deseos carnales de maneras ilegítimas. Puedes derrotarlo sometiéndote a Dios y confiando en su Palabra.

Los deseos de los ojos

En la segunda parte de la tentación de Jesús, Satanás apela al deseo de los ojos.

«Luego lo llevó el diablo a un alto monte y le mostró en un momento todos los reinos de la tierra. Le dijo el diablo: —A ti te daré todo el poder de estos reinos y la gloria de ellos, porque a mí me ha sido entregada y a quien quiero la doy. Si tú, postrado, me adoras, todos serán tuyos. Respondiendo Jesús, le dijo: —Vete de mí, Satanás, porque escrito está: "Al Señor tu Dios adorarás y sólo a él servirás"» (Lucas 4:5–8).

El deseo de los ojos, o el deseo de obtener cosas en este mundo, es un impulso fuerte. Desde que Dios le dijo a Adán que dominara y poblara la Tierra, la humanidad ha buscado sobresalir y prosperar aquí. Ese deseo de dominio y prosperidad no es malo. La Escritura nos enseña que algún día heredaremos la tierra y reinaremos aquí durante mil años. La Biblia también enseña que Dios bendice a los justos en esta vida porque nos diseñó para ser fructíferos. Sin embargo, Satanás nos tienta a que satisfagamos esos deseos de manera ilegítima.

Millones de personas se ahogan en la avaricia, siempre queriendo más de lo que tienen. «Porque raíz de todos los males es el amor al dinero, el cual codiciando algunos, se extraviaron de la fe y fueron atormentados con muchos dolores» (1 Timoteo 6:10). Satanás tienta a la generación de hoy a poseer más cuando engaña en los impuestos, roba, apuesta, incrementa los precios, cobra tasas de interés exorbitantes y falla en pagar los diezmos.

Satanás le ofreció a Jesús los reinos del mundo si lo adoraba. Primero, los reinos de la Tierra no eran realmente de Satanás para que él los ofreciera, ya que Dios tiene el dominio sobre los reinos de los hombres. Segundo, sé que Jesús será reconocido algún día como Rey de reyes y Señor de señores en toda la Tierra. Satanás tentaba a Jesús para que intercambiara su gloria futura por el placer momentáneo de la posesión inmediata. ¡Estaba probando su paciencia!

Todos somos tentados a aferrarnos a aquello que tenemos o vemos, incluso si nos roba la recompensa eterna. El empleado que hace lo que sea para alcanzar una promoción, ignora el mandato de Dios de preferir a los demás. La recompensa momentánea de un mejor trabajo palidecerá en comparación con el juicio eterno contra el egoísmo y las heridas infligidas a sus compañeros de trabajo.

Una de las mayores disputas familiares en la historia ha sido debido a una herencia y la legalización de un testamento. La ira, las palabras hirientes, el egoísmo extremo y las malas actitudes surgen por dinero, muebles, objetos familiares y propiedades. Los miembros de la familia se vuelven unos contra otros al entregarse al deseo de los ojos. Aparentemente se olvidan del ser querido que acaba de ser enterrado, los recuerdos familiares o el llamado eterno de Dios de que el círculo familiar permanezca intacto. Los valores eternos son devorados por la posibilidad de una ganancia momentánea.

Lo más triste del mundo es cuando vemos a líderes, especialmente pastores, que han sucumbido a la lujuria de sus ojos, consumidos por lo momentáneo y olvidando lo eterno. La lujuria por el poder atrapa a los políticos que aceptan sobornos por ciertos favores, olvidando que las personas a las que sirven dependen de ellos para que haya integridad. El pastor es influenciado por la oscuridad cuando encuentra la manera de colocar a un miembro de su familia entre los empleados a pesar de su incompetencia, en detrimento de la iglesia. Una locura momentánea se apodera del empresario que manipula las inversiones para su beneficio personal, mientras la empresa a la que sirve se hunde. Obviamente la lujuria o el deseo de los ojos es muy fuerte.

Después de un ayuno, puedes esperar que ese deseo de tu humanidad exija satisfacción. Tu paciencia será puesta a prueba. Satanás siempre está preparado para que cedas ante acuerdos ventajosos. Esa transacción puede ser por poder, posición o propiedad. En ese punto, el hombre fuerte debe ser atado por el poder de la Palabra de Dios. Jesús frustró esa tentación de Satanás citando la Escritura, la que dice que debemos adorar solamente al Señor.

Debemos rechazar ganancias ilegítimas y momentáneas a cambio de un cumplimiento eterno. «Bienaventurados los mansos, porque recibirán la tierra por heredad» (Mateo 5:5). La mansedumbre no es debilidad. Los mansos son aquellos que, aunque tienen gran poder, ejercen gran control. La *mansedumbre* puede definirse como «fuerza bajo control».

> *El ayuno se trata de que desarrollemos el autocontrol.*

Moisés era «un hombre muy manso, más que todos los hombres que había sobre la tierra» (Números 12:3), pero no era débil. Se le dio gran autoridad y ejerció gran control.

El ayuno se trata de que desarrollemos el autocontrol. Después de un tiempo de ayuno, serás tentado a ceder el control al enemigo. Sigue adorando al Señor y permite que Él esté en control de tu vida. ¡Sé paciente, la Tierra será nuestra pronto!

La vanagloria de la vida

En la prueba final, Satanás apeló a la vanidad de Jesús. Ese fue un momento culminante en el encuentro de Cristo con el hombre fuerte, y uno que también ganó. En esta tentación, Satanás usó la vanagloria de la vida.

«Satanás lo llevó a Jerusalén, lo puso en la cima del templo y le dijo: —Si eres Hijo de Dios, tírate de aquí abajo, pues escrito está: "A sus ángeles mandará acerca de ti, que te guarden", y "En las manos te sostendrán, para que no tropieces con tu pie en piedra". Respondiendo Jesús, le dijo: —Dicho está: "No tentarás al Señor tu Dios"» (Lucas 4:9-12).

Satanás tentó a Jesús a lanzarse desde la cima del Templo. Esa era una caída de 450 pies hasta el fondo del valle de Cedrón.[9] Satanás citó la Escritura en esta ocasión. ¿Te sorprende que Satanás conozca la Biblia? No deberías; él estuvo en la tierra cuando se escribía cada palabra. Él ha intentado destruir, maldecir y manipular la Escritura por años. ¡La Biblia aún existe y todavía es verdadera!

Satanás citó la Escritura donde Dios indica que enviaría a sus ángeles para sostener a su Hijo de manera que no golpeara su pie contra una piedra. En otras palabras, Dios protegería a los suyos y los mantendría a salvo. Satanás tentaba a Cristo para que hiciera una entrada espectacular, revelándole a Israel su poder y personalidad. Con ese pronunciamiento, la anonimidad de Cristo se acabaría. No habría más talleres de carpintería, ni más noches solitarias sin un lugar donde reclinar su cabeza, ninguna cruz que llevar ni pescadores apestosos que entrenar. Todos conocerían su nombre. Obtendría un éxito ministerial instantáneo (al menos según el diablo). Con tal milagro, todo Israel aceptaría a Jesús como el Mesías. Todo lo que tenía que hacer era adelantarse y tomar las riendas en sus propias manos.

¡Jesús rechazó ese llamado a la vanagloria! Una vez más, Jesús usó la Biblia, solo que la usó correctamente. «Jesús respondió y dijo a Satanás: —Dicho está: "No tentarás al Señor tu Dios"» (Lucas 4:12). Jesús se dio cuenta de que realizar tal acto, sabiendo que los ángeles lo sostendrían, habría sido una osadía. Cuando Adán y Eva no se sometieron a Dios y desobedecieron su mandato, su deseo de ser como Dios los llevó a afirmar su propia voluntad sobre la voluntad de Dios. Su rebelión los convirtió en aliados de Lucifer, quien fue expulsado del cielo por su rebelión contra Dios.[10]

La rebelión espiritual es la autoexaltación sobre la autoridad divina. Jesús no se rebelaría. Él no tomaría las cosas en sus propias manos. Él no cambiaría su cruz por los elogios de las multitudes. Él no se impulsaría a la cima. Pescadores malolientes serían su suerte. ¡El orgullo, la principal arma de Satanás entre los hombres, fue derrotado en el desierto!

Al romper un ayuno, debemos esperar una batalla con el orgullo. Esa tentación de autoexaltación puede presentarse de diferentes formas, pero sin duda llegará. El ayuno tiene todo que ver con la humildad y el quebrantamiento. Satanás sabe que esas gracias divinas dadas por el Espíritu de Dios en nuestra vida nos empoderan; así que nos tienta a elegir el pináculo en lugar de la cruz. Derrotar la vanagloria de la vida es crítico para mantener el quebrantamiento que Dios nos brinda durante nuestro ayuno. Sin duda, esa es la mayor batalla de todas. Después de nuestro ayuno, las impurezas en nuestro corazón salen a la superficie para que podamos lidiar con ellas. Muchas veces, el orgullo reside profundamente y se oculta de nuestros intentos normales de deshacernos de él.

J. C. Philpot declaró en un sermón de 1853:

Pero allí donde la lujuria tal vez no tenga poder, la codicia ningún dominio y la ira ninguna influencia —allí, abajo, muy abajo, en las profundidades más recónditas, agitándose y bullendo como la lava en el cráter de un volcán— actúa ese pecado supremo: ¡ese pecado de los pecados, el orgullo! El orgullo es la madre y señora de todos los pecados; pues, allí donde no los concibe en su seno siempre fecundo, instiga sus movimientos y los obliga a rendir tributo a su gloria.[11]

> *El ayuno nos ayudará a identificar áreas donde el orgullo de la vida nos ha engañado, para que podamos verdaderamente humillarnos ante el Señor y recibir su gracia.*

El ayuno nos ayudará a identificar áreas donde el orgullo o vanagloria de la vida nos ha engañado, para que podamos verdaderamente humillarnos ante el Señor y recibir su gracia.

En el poder del Espíritu

Después de ese último intento de seducir a Jesús a los caminos del mundo, el poder de Satanás fue quebrantado. Lucas dice que el diablo dejó a Jesús por un tiempo y los ángeles vinieron a ministrarle. El ministerio de Jesús entraría en una nueva dimensión después de su ayuno de cuarenta días. «Jesús volvió en el poder del Espíritu a Galilea, y se difundió su fama por toda la tierra de alrededor» (Lucas 4:14).

Inmediatamente, Jesús dejó el desierto y regresó a su casa en Nazaret para comenzar su ministerio. Su próxima parada fue Capernaúm, donde liberó a un hombre poseído por los demonios. Jesús ató al hombre fuerte en el desierto y ahora estaba saqueando la casa de Satanás.

El ayuno y la tentación de Jesús se situaron en un nivel que ninguno de nosotros podría experimentar jamás. Él era el único y exclusivo Hijo del Dios viviente. Nosotros no luchamos por la eternidad del mundo muriendo por los pecados del hombre, sino que trabajamos a este lado de la cruz para ver a las personas liberadas de la casa del hombre fuerte. También nosotros debemos superar la prueba de la tentación si queremos ser eficaces al invadir el reino de las tinieblas con la luz de Dios. Solo podremos caminar por nuestro mundo en el poder del Espíritu Santo si estamos dispuestos a pagar el precio.

He tenido encuentros luego de ayunar a lo largo de los años. La mayoría de ellos involucraron tentaciones únicas y algunas que no eran tan únicas. En cada instancia, cuando continué en el espíritu del ayuno y respondí a la tentación de manera adecuada, experimenté una gran victoria. Por el contrario, cuando no respondí correctamente a la tentación y sucumbí al esquema del enemigo, parecía perder la mayoría de los beneficios espirituales que había ganado bastante rápido. Algunas de mis pruebas luego de ayunar han sido severas.

> *Solo podremos caminar por nuestro mundo en el poder del Espíritu Santo si estamos dispuestos a pagar el precio.*

Un año, mientras ayunaba, inmediatamente antes de un importante encuentro internacional de jóvenes, y justo antes de la asamblea general de nuestra denominación donde me habían invitado a ministrar, enfrenté luchas significativas. Lanzamos un tema que animaba a nuestros trabajadores a atacar el reino de las tinieblas de Satanás. El día que terminé el ayuno buscando la dirección del Señor (poco más de una semana), comencé a sentir dolor en la espalda. Noté que el dolor continuó durante uno o dos días más. Mis primeros pensamientos fueron que la espalda me dolía por el tipo de cama del campamento donde estuve estudiando y orando. En la tercera noche después del ayuno, descubrí que el dolor en mi espalda era debido a un cálculo renal.

Cualquiera que haya sufrido alguna vez esta dolencia sabe que el dolor es muy parecido al de tener un bebé, excepto que cuando el sufrimiento termina, todo lo que obtienes es un pequeño grano de arena y no un nuevo miembro de la familia. Me llevaron de urgencia al hospital donde pasé un par de días tratando de expulsar el cálculo, que se había alojado en mi riñón.

Todo este episodio me pareció un ataque del enemigo. (Descubrí más tarde, después de estudiar sobre el ayuno, que fue un ataque por causa de mi ignorancia por no beber suficiente agua durante el ayuno). Sin embargo, parecía que no podía hacer nada al respecto. Me programaron para una cirugía, lo que significaba que no podría dirigir la reunión de jóvenes y posiblemente no ministraría en la asamblea general. La noche antes del procedimiento, un amigo vino a orar por mí. ¡El Señor me ministró poderosamente! Caminé por la habitación, con las manos levantadas, regocijándome por el toque del Señor. Aun así, la piedra no se había movido, y me fui a dormir más tarde esa noche esperando la cirugía. Temprano en la mañana, aproximadamente una hora antes del procedimiento, un dolor me agarró, diferente al sufrimiento de los dos días anteriores. En solo un momento, expulsé la piedra sin tener que someterme a la cirugía. Dios me tocó, y disfrutamos de una gran victoria durante los eventos que siguieron.

Después de un ayuno mucho más largo, comencé a sentir dolor en el pecho. Mi esposa, Lisa, programó un examen médico para mí.

Los primeros dos médicos que vi pensaron que podría tener cáncer de pulmón. Finalmente, después de varias semanas de ansiedad y oración, me diagnosticaron un tejido cicatricial en los pulmones. De hecho, el ayunar probablemente lo había agravado porque, en ayunos prolongados, el sistema inmunológico a veces intenta reparar el tejido cicatricial u otras anomalías en el cuerpo. En ambas instancias, mi fe personal fue atacada y refinada. Enfrentamos ambas situaciones con oración y confianza en la voluntad de Dios. Dios nos dio la victoria.

Debes enfrentar y conquistar las pruebas posteriores al ayuno. Recuerda, estás ayunando para que otros puedan ser liberados. Tu batalla contra el enemigo no es solo para tu bendición, sino para la bendición de aquellos por quienes intercedes.

Mi abuela era ministra. Era una predicadora del evangelio completo y muy buena. Bessie, así la llamaban, fue una evangelista muy efectiva con cientos de conversiones a lo largo de los años. No sé mucho sobre su predicación porque, cuando yo

> *Tu batalla contra el enemigo no es solo para tu bendición, sino para la bendición de aquellos por quienes intercedes.*

era lo suficientemente mayor para recordarla, ella estaba cuidando de mi abuelo enfermo y acabó viviendo sola en un apartamento de Cleveland, Tennessee. Sin embargo, Bessie era una mujer poderosa de Dios, incluso en su vejez. Siempre que oraba, los cielos se abrían, y todos nosotros, los nietos, podíamos sentir el poder del Señor. En mi mente infantil, imaginaba a Bessie como si estuviera hablando directamente con Dios.

Bessie Wilson también era una mujer que practicaba las otras disciplinas espirituales. Creía en el poder del ayuno y buscó al Señor fervientemente a lo largo de los años. Después de su muerte, mi padre relató cómo su madre ayunó extensamente cerca del final de su vida. Ella prescindió de dos comidas cada día durante varios años.

Bessie tenía dos hijos: mi padre y su hermano. Primero se comprometió con Dios a no tomar una comida cada día por uno de sus hijos, pidiéndole al Señor que lo rescatara y salvara. Más tarde, se comprometió a prescindir de la segunda comida cada día por el otro hijo, para que el Señor lo ayudara a atravesar una difícil temporada de lucha. Durante los últimos años de su vida, Bessie tomaba solo una comida al día y le daba al Señor las otras dos comidas para que sus hijos no fueran al infierno.

La huelga de hambre de mi abuela contra el infierno funcionó. El hermano de mi padre murió hace varios años tras una relación recta con el Señor mientras pastoreaba una iglesia. Mi padre fue completamente restaurado y pasó los últimos treinta y cinco años de su vida en el ministerio a tiempo completo. Estuve arrodillado a su lado cuando hizo su entrada al cielo. El ayuno intercesor y la oración de mi abuela continúan bendiciendo a múltiples generaciones de nuestra familia.

Interceder por los perdidos

La primera aparición de la palabra *intercesión* en la Biblia se encuentra en Isaías 53 y proviene de la palabra hebrea *baga*. El *Diccionario Expositivo Vine* define *baga* como «golpear contra, ser violento contra, invadir, interponerse, hacer retroceder, encontrarse y orar».[12] Nuestro ayuno debería llevarnos a la intercesión por los perdidos. Debemos presentar nuestra petición al cielo por la liberación de aquellos cautivos en el pecado y arrebatarlos del infierno. Debemos permanecer ante el trono hasta que el Padre responda a nuestra súplica. Como la mujer en Lucas 18, que no se rindió hasta que el juez la vengó de su enemigo, debemos continuar persistiendo hasta que el Señor responda a nuestro clamor por la victoria sobre nuestro adversario.

> *Nuestro ayuno debería llevarnos a la intercesión por los perdidos.*

Las huelgas de hambre en Irlanda se remontan a tiempos precristianos, cuando aquellos que carecían de poder ayunaban para protestar contra los más poderosos, llamar la atención sobre la injusticia o reclamar una deuda pendiente. El poder y, por lo tanto, la responsabilidad de poner fin al ayuno recaía en contra de quien protestaba. Si no respondía al ayuno de manera afirmativa, debía duplicarlo. La persona que ayunaba acampaba a la puerta del poderoso hasta que le concediera la ayuda y el alivio. W. B. Yeats, en una obra de teatro sobre Irlanda titulada *The King's Threshold* (El umbral del rey), incluyó estas líneas que describen dicha actividad:

REY: . . . Él ha elegido la muerte:
rehúsa comer o beber, para que él pueda traer
desgracia sobre mí; porque hay una costumbre,
una costumbre antigua y tonta, que si un hombre

> *es agraviado, o piensa que ha sido agraviado, y se muere de hambre*
> *en el umbral de otro hasta que muera,*
> *el pueblo común, por todo el tiempo venidero,*
> *levantará un fuerte clamor contra ese umbral,*
> *aunque sea el del Rey.*[13]

En el ayuno, llegamos al umbral de nuestro Rey, suplicando por la libertad de aquellos que amamos. Intercedemos por su destino eterno y por su gracia para que Dios salve su alma. No debemos subestimar el poder de la intercesión agresiva y ungida.

En 1904, uno de los avivamientos más intensos de la historia tuvo lugar en la pequeña zona del Reino Unido de Gales. Un joven llamado Evan Roberts, un exminero de carbón, buscó a Dios en oración por avivamiento durante un período de varios años. El Señor lo eligió y lo usó poderosamente para llevar a cabo el avivamiento. Roberts tuvo una visión en la que cien mil personas se convertirían a Cristo en un poderoso avivamiento en Gales. En un período de poco más de catorce meses, comenzando en el otoño de 1904, más de cien mil personas se convirtieron en las ciudades, pueblos, aldeas y campos de su nación. El Avivamiento de Gales fue un avivamiento de oración y adoración.

> *En el ayuno, llegamos al umbral de nuestro Rey, suplicando por la libertad de aquellos que amamos.*

Durante el avivamiento, la oración intercesora estalló en bien de toda la nación, mayormente hacia los perdidos. El corazón y la energía de la iglesia se dirigieron hacia la cosecha de almas. Surgieron reuniones especiales de oración en negocios, escuelas, minas de carbón y otros lugares poco probables. Hubo una transformación radical en la sociedad. Los casos judiciales fueron resueltos, el negocio de bares se redujo considerablemente y las estadísticas de criminalidad cayeron en picado. Las personas incluso dejaron de asistir a eventos deportivos porque no querían perderse ni un solo servicio de avivamiento. La oración y el ayuno del pueblo produjeron conversiones impresionantes en toda la nación.[14]

Una de mis historias favoritas sobre este avivamiento está registrada en *The London Methodist Times,* en un artículo de T. Ferrier Hume titulado «The Wash Day of the Lord» (El día del lavado del Señor). Hume compartió lo siguiente:

«Nos dará a todos una fe renovada en la oración, pues este es, enfáticamente, un avivamiento de oración. Evan Roberts me dijo que la oración se volvió tan apasionada y poderosa en Caerphilly que a medianoche un grupo de hombres formó en una brigada de oración llamada "Sáquenlos de la cama", y en una o dos horas, tres de los pecadores por los que se oraba se sintieron tan miserables en la cama que se vistieron apresuradamente y vinieron al servicio y se entregaron a Cristo allí mismo».[15]

Así como Gandhi y Chávez del siglo veinte, la iglesia de hoy debe comprometerse a una huelga de hambre por la libertad, pero por la libertad espiritual. El Espíritu Santo llama a esta generación de cristianos para que rechacen el plato de comida hasta que sean liberados los que están bajo opresión espiritual. Miles de luchadores hambrientos por la libertad espiritual están respondiendo a este llamado.

Este ejército de ayunadores dirigirá la atención de sus propios corazones y los recursos de nuestro Padre celestial hacia el

> *El Espíritu Santo llama a esta generación de cristianos para que rechacen el plato de comida hasta que sean liberados los que están bajo opresión espiritual.*

sufrimiento de los heridos y perdidos de hoy. Estamos determinados a pertenecer a esta brigada de luz. No nos dejaremos disuadir; no permitiremos que nuestro Juez duerma, y penetraremos el territorio enemigo cuando acampemos en la puerta de nuestro Rey, hasta que la casa de las tinieblas sea asaltada una vez más. ¡Declaramos una huelga de hambre contra el infierno!

Capítulo 4: Preguntas para la reflexión

1. ¿Cómo es el ayuno como una huelga de hambre contra el infierno? ¿Te está guiando Dios a protestar contra el reino de las tinieblas mediante el ayuno?

2. Al igual que los israelitas, ¿alguna vez has ayunado por las razones equivocadas? Si es así, ¿cuál fue el resultado de ese ayuno?

3. ¿Cuál ha sido tu enfoque mientras ayunas? ¿Dedicas más tiempo a la Palabra de Dios?

4. ¿Has experimentado una mayor tentación después de un ayuno? ¿Qué sucedió? ¿Cómo puedes ganar la batalla en los momentos críticos que siguen a un ayuno?

5. ¿Cómo podemos ser parte de llevar el mensaje de Jesús a los perdidos por medio del ayuno? ¿Te está llamando el Señor a ayunar e interceder en nombre de los perdidos en tu vida?

Aprende de estos hombres de la Escritura que el trabajo que el Espíritu Santo nos ordena hacer debe llevarnos a un nuevo ayuno y oración, a una nueva consagración y a una comunión con Él. Esos hombres se entregaron al ayuno y la oración, y si hubiera más oración en todo trabajo cristiano ordinario, habría más bendición en nuestra propia vida interior.[1]

Andrew Murray

«Cuando ayunéis, no pongáis cara triste, como los hipócritas que desfiguran sus rostros para mostrar a los hombres que ayunan; de cierto os digo que ya tienen su recompensa. Pero tú, cuando ayunes, unge tu cabeza y lava tu rostro, para no mostrar a los hombres que ayunas, sino a tu Padre que está en secreto; y tu Padre, que ve en lo secreto, te recompensará en público».

Mateo 6:16–18

Ayuno 101:
aprender los principios del ayuno

Hace años, comenzaron a aparecer libros para *dummies* o tontos en las tiendas de Estados Unidos, con títulos populares como *Microsoft Word para dummies, Excel para dummies, Impuestos para dummies, Alemán para dummies, Guitarra para dummies* y *Finanzas personales para dummies,* por nombrar algunos. Los tutoriales de «hazlo tú mismo» en YouTube y TikTok te permiten aprender lo básico de casi cualquier cosa en la vida.

Esos libros y tutoriales toman temas complicados y los desglosan en un lenguaje simple y comprensible. Uno de mis libros favoritos de la serie para *dummies* se titulaba *Reparación de automóviles para dummies.* ¡Ahora necesito ese libro! De hecho, después de leer una lista de todos los títulos de libros para *dummies,* estoy convencido de que probablemente debería comprar toda la serie. Entonces podría ser un tonto educado.

Pensé en titular este capítulo en particular «Ayuno para *dummies*», pero sentí que sería demasiado autoincriminatorio. Podríamos llamarlo «Ayuno hecho por uno mismo», pero una vez más, necesitamos la ayuda de Dios para ayunar. Así que lo llamamos «Ayuno 101», lo que significa que veremos los principios básicos del ayuno para ayudarnos a entender esta disciplina.

Principio 1: Cada cristiano debería participar en el ayuno
Personas de todo el mundo, que siguen muchas religiones diferentes, ayunan. El hinduismo ha sido llamado una religión de ayunos, festivales y celebraciones, porque dedica muchos días a ello

mientras los hindúes celebran a sus diversos dioses. Los hindúes ayunan varias veces al año.[2] Algunos budistas también ayunan en ciertos días festivos y durante los períodos de luna nueva.[3]

El ayuno también es una parte significativa de la práctica islámica. Durante el Ramadán, un mes entero del año islámico, los musulmanes ayunan de comida y bebida mientras brilla el sol.[4] Los judíos continúan ayunando como nación durante el Yom Kippur, el día más sagrado del judaísmo, el Día de la Expiación.[5]

Considerando toda esa participación global en el ayuno religioso, ¿debería el cristiano también ayunar? Las reacciones a esta pregunta han permanesido constantes durante los últimos dos mil años. Un estudio somero del Nuevo Testamento y de la historia cristiana revela que no solo se permite el ayuno para el cristiano, sino que esas fuentes también fomentan el ayuno como una parte vital del discipulado. El mismo Jesús ayunó durante cuarenta días antes del comienzo de su ministerio, y todos los apóstoles ayunaron, incluyendo el apóstol Pablo.

La mayoría de los primeros padres de la iglesia, líderes y escritores que vivieron inmediatamente después de los apóstoles, ayunaron y escribieron sobre ello. Clemente de Roma, Bernabé, Hermas, Policarpo, Ireneo, Eusebio y Tertuliano se refirieron al ayuno como parte de la experiencia cristiana. Tertuliano escribió el libro *On Fasting* [Sobre el ayuno] en el año 208 d. C.[6]

Didaché, las enseñanzas de los 12 apóstoles, que es como un pequeño manual para los primeros cristianos y el más antiguo de los escritos cristianos no canónicos, discute el ayuno antes del bautismo y fomenta el ayuno en ciertos días de la semana.[7] Las tradiciones católica y ortodoxa designaron días de ayuno en ciertos días de la semana y festividades. Los protestantes tendían a reaccionar contra esos días establecidos de ayuno y dejaban la decisión más a los individuos en su devoción al Señor.

Líderes protestantes notables, como Martín Lutero, Juan Knox, Jonathan Edwards, Juan Wesley, Charles Finney, Andrew Murray y Charles Spurgeon, entre otros, ayunaron. Durante los avivamientos de santidad del siglo diecinueve y los avivamientos pentecostales del siglo veinte, el ayuno se presentó como una práctica devocional en busca del favor, la bendición y el poder de Dios. Los protestantes y pentecostales han promovido el ayuno cada vez más durante los últimos años del siglo veinte y en este nuevo milenio.

A lo largo de los años, he asistido a conferencias y reuniones en las que el ayuno era parte de la experiencia. El Dr. Bill Bright, de Campus Crusade, patrocinó conferencias enteras dedicadas al ayuno. Otras organizaciones han convocado a momentos colectivos de ayuno y oración en asambleas solemnes y conferencias. La American Awakening Alliance (Alianza por el Despertar de América), que dirigí durante varios años, hizo convocaciones nacionales de ayuno en conjunto con reuniones de oración a nivel de condado bajo Cry Out America (Clamor América) cada 11 de septiembre.

Hace varios años, visité una montaña de oración en Corea donde toda la instalación estaba dedicada a la oración y el ayuno. La gente venía en autobuses para ayunar durante uno, tres, siete, veintiún y cuarenta días. Con tantos cristianos buscando a Dios fervientemente, había una atmósfera poderosa de humillación y arrepentimiento. No es de extrañar que Corea haya superado al resto del mundo durante varias décadas en crecimiento de iglesias y envío de misioneros. Recientemente, he participado en ayunos de inicio de año en iglesias locales, he convocado ayunos en redes de oración global, ayunos por Israel y ayunos por el avivamiento y derramamiento global.

Dada esta información, vuelvo a preguntar: ¿deberían los cristianos ayunar? Ciertamente. Jesús esperaba que practicáramos esa disciplina y experimentáramos su plenitud. Algunos escritores cristianos de la antigüedad, incluidos Juan Wesley, creían que era un pecado no ayunar, así como sería incorrecto que un cristiano nunca orara. Se dice que Wesley dijo: «Quien nunca ayuna no entrará al cielo como tampoco quien nunca ora».[8]

No estoy seguro de que podamos llegar tan lejos con la evidencia de la Escritura, pero podemos afirmar con énfasis que un cristiano que nunca ha ayunado ha carecido de un paso significativo en su caminar con Cristo. Aquellos que lo buscan con todo su corazón mientras ayunan reciben mayor gracia para la victoria sobre la carne y poder expreso para el servicio.

> *¿Deberían los cristianos ayunar? Ciertamente. Jesús esperaba que practicáramos esa disciplina y experimentáramos su plenitud.*

¡Todo cristiano debería ayunar!

Principio 2: ¡El ayuno es abstenerse de comer!

En la Biblia, la palabra traducida como *ayuno* proviene de la palabra griega *nesteia* o *nesteuo,* que en realidad es una palabra compuesta. La primera parte de la palabra, *ne,* es un prefijo negativo. La segunda parte de la palabra, *esthio,* significa *comer.* Por lo tanto, la palabra *ayuno* es «abstenerse de comer» o «dejar de comer».[9] En pocas palabras, el ayuno bíblico es dejar de comer voluntariamente con propósitos espirituales. El ayuno implica renunciar a nuestro deseo de alimento y comodidad física para expresar nuestro deseo por Dios.

A lo largo de los años, algunas personas han renunciado a muchas cosas por razones espirituales. Conozco a individuos que han sacrificado ver la televisión, navegar por Internet, escuchar música, participar en alguna actividad placentera y dormir durante horas para usar su tiempo de maneras radicales y expresar su deseo por el Señor. Todos esos sacrificios han sido honorables, y estoy seguro de que fueron agradables al Señor, pero en el sentido más estricto, no eran ayuno. El ayuno es prescindir de comida.

Una de las razones por las que Dios elige bendecir esta disciplina en tal medida es por el papel que ocupa la comida en nuestras vidas.

> *El ayuno implica renunciar a nuestro deseo de alimento y comodidad física para expresar nuestro deseo por Dios.*

La alimentación es básica para nuestra humanidad. La afirmación: «El camino al corazón de un hombre es a través de su estómago» podría ser cierta en más de una manera. Una de las cosas que he descubierto durante los períodos de ayuno prolongado es cuán absolutamente adicto soy a la comida. Los dolores de abstinencia experimentados durante un ayuno prolongado no son solo físicos, sino también emocionales. Varias horas cada día de nuestras vidas se dedican a pensar en comida, preparar alimentos y comer. Elisabeth Elliot escribió: «Una forma de comenzar a ver cuán indulgentes solemos ser es ayunando. Es un día largo que no se rompe con las tres comidas habituales. Uno descubre cuán enorme cantidad de tiempo se gasta en la planificación, compra, preparación y limpieza tras las comidas».[10]

Desde nuestros primeros momentos de vida, las horas de comida no solo nos han proporcionado el sustento necesario para vivir, sino que también nos han brindado confort, consuelo y cierto grado de control. La mayoría de nosotros no comemos meramente porque lo necesitemos, sino porque queremos. Disfrutamos de comer.

Cuando renunciamos a la comida para buscar al Señor, también estamos liberando algo que es crítico para nuestra propia supervivencia. Podemos vivir por siempre sin televisión, Netflix, Amazon, redes sociales, Internet, chocolate, nuestra música favorita o nuestro pasatiempo favorito,

> *El ayuno abre la puerta a Dios al abrir ese íntimo espacio de necesidad y deseo.*

pero no podemos vivir por siempre sin comida. El ayuno abre la puerta a Dios al abrir ese íntimo espacio de necesidad y deseo. A medida que sacrificamos aquello que disfrutamos tanto y que es básico para nuestra supervivencia, entramos en una dependencia de Dios que le permite invadir nuestros corazones con su provisión sobrenatural.

¡El camino al corazón de un hombre puede realmente ser a través de su estómago!

Principio 3: El ayuno espiritual debe hacerse a la manera de Dios para recibir la bendición de Dios

La Biblia ofrece varios principios simples sobre cómo debemos ayunar. El más notable se encuentra en el Sermón del Monte (Mateo 5–7), que se refiere a la privacidad de nuestro ayuno (6:16-18). Jesús asume que los creyentes ayunarán, y nos anima a hacerlo para Él y no para los hombres. Jesús discutió los motivos de nuestro ayuno y desalentó a hacerlo para ser recompensados por otros.

En el Antiguo Testamento, el ayuno iba acompañado de grandes muestras externas de luto y duelo. Muchas veces, las personas se ponían un saco de cilicio y cenizas cuando ayunaban: «Volví mi rostro a Dios, el Señor, buscándolo en oración y ruego, en ayuno, ropas ásperas y ceniza» (Daniel 9:3).

«Vestíos de luto y lamentad, sacerdotes; gemid, ministros del altar; venid, dormid con ropas ásperas, ministros de mi Dios; porque quitada es de la casa de vuestro Dios la ofrenda y la libación» (Joel 1:13).

El saco de cilicio era una tela gruesa y negra, generalmente hecha de pelo de camello o de cabra. Esta prenda de tela suelta podría haberse usado por varias razones. A veces era un signo de luto por los muertos o por el dolor de una pérdida personal. Otras veces, se usaba como signo exterior de arrepentimiento. Algunos pastores simplemente lo llevaban porque era económico, pero representaba humildad.

El antiguo pueblo hebreo también esparcía cenizas, o se sentaba entre cenizas, como marca o símbolo de su dolor, humillación o penitencia. Las cenizas representaban quebrantamiento, humildad o insignificancia. Al llevar un saco de cilicio y cenizas, el pueblo demostraba externamente su sentimiento de desesperación o humildad.[11]

Ya que esas manifestaciones externas a veces acompañaban el ayuno, se puede entender cómo esa disciplina se convirtió más en una exhibición pública que en una devoción privada. Jesús reconoció que muchas personas llevarían un saco de cilicio y cenizas por fuera para indicar que estaban ayunando, mientras que por dentro no estaban quebrantados, ni eran humildes ni lamentaban su pecado. En consecuencia, Jesús invirtió el énfasis hacia la vida interior. En cierta manera, Él animaba a la gente a llevar su saco de cilicio y cenizas por dentro para que Dios lo viera, en lugar de llevarlo por fuera para que los hombres lo vieran.

Esa purificación del propósito del ayuno es importante para nosotros mientras practicamos dicha disciplina. Si ayunamos para que otros lo noten, perdemos el mayor beneficio de la recompensa de Dios. Esto no significa que nunca le digas a nadie que estás ayunando. A veces debes informar a tu cónyuge o a otras personas. Sin embargo, sí significa que nunca debes ayunar para que otros te reconozcan, aplaudan o sientan pena por ti.

Principio 4: Hay muchos tipos de ayunos

El ayuno de agua o ayuno común. Este parece ser el más típico, tanto en la historia bíblica como en la era cristiana. Este tipo de ayuno incluye beber solo agua, sin nada de alimento ni otras bebidas. Varios ejemplos en la Escritura, incluyendo Hechos 13 y Esdras 8, parecen registrar este tipo de ayuno. Al ingerir solo agua, aquellos que ayunan pueden pasar varios días sin ningún tipo de nutrición. El cuerpo se limpia, aunque se debilita.

En mi opinión, este es el mejor tipo de ayuno a seguir, especialmente durante un período de tres a veintiún días. Los avances son significativos, y la pureza de la experiencia trae verdadera disciplina ante el Señor. Beber suficiente agua durante este tipo de ayuno es muy importante. También recomiendo agua embotellada o destilada para reducir cualquier químico no deseado que entre en tu cuerpo.

El ayuno absoluto (o de emergencia). En este ayuno, no se consume comida ni líquido, incluyendo agua. Este tipo de ayuno fue seguido antes de que Ester arriesgara su vida para ver al rey.

«Entonces Ester dijo que respondieran a Mardoqueo: "Ve y reúne a todos los judíos que se hallan en Susa, ayunad por mí y no comáis ni bebáis durante tres días y tres noches. También yo y mis doncellas ayunaremos, y entonces entraré a ver al rey, aunque no sea conforme a la ley; y si perezco, que perezca"» (Ester 4:15-16).

La necesidad de ayuda urgente por parte del Señor ocasionó que Ester solicitara al pueblo que siguiera este ayuno absoluto para ganar el favor de Dios y rompiera la condena de muerte que Amán planeaba contra los judíos. Dios escuchó su clamor. Ester halló favor ante el rey, y la ira de Amán fue sobrenaturalmente revertida.

Saulo de Tarso, o como lo conocemos, el apóstol Pablo, también participó en un ayuno absoluto después de encontrarse con Jesús en el camino a Damasco. Fue un momento de total desesperación y dependencia de Dios. Pablo necesitaba poder ver. Necesitaba dirección. El deseo interno expresado de Pablo, junto con el trauma de su experiencia de conversión, lo llevó a dejar de lado la comida y los líquidos hasta que pudiera escuchar a Dios. «Estuvo tres días sin ver, y no comió ni bebió» (Hechos 9:9).

Aquellos que participan en ayunos absolutos deben tener cuidado de no hacerse daño innecesariamente. Se ha sabido que el cuerpo humano puede sobrevivir más de sesenta días sin comida, pero dependiendo del entorno, solo puede sobrevivir de tres a siete días sin agua.[12] En un clima mediterráneo árido, Pablo y Ester estaban rebasando los límites normales durante su ayuno absoluto de tres días. Estaban desesperados.

El ayuno prolongado. Es un ayuno de larga duración, generalmente más de diez días. En este tipo de ayuno, la persona puede superar algunas de las barreras físicas y los obstáculos que enfrenta en los primeros días de ayuno. Se permite la ingesta de agua y quizás otros líquidos, como jugos naturales. Creemos que durante el ayuno de cuarenta días de Jesús, Él bebió algo porque al final del ayuno, el escritor del Evangelio afirma que tenía hambre, no sed.

Personalmente, he descubierto que mis mayores avances se producen en temporadas prolongadas de ayuno con agua. También he tenido ayunos más largos que incluían algo de jugo para darme fuerza para cumplir mis responsabilidades. Estos también han sido momentos maravillosos de disciplina y avance. Cuando uno puede superar el dolor inicial de este tipo de ayuno, la fuerza de la presencia de Dios es asombrosa.

El ayuno sobrenatural. La Escritura registra al menos dos incidencias de este tipo de ayuno.

«Cuando yo subí al monte para recibir las tablas de piedra, las tablas del pacto que Jehová hizo con vosotros, estuve entonces en el monte cuarenta días y cuarenta noches, sin comer pan ni beber agua» (Deuteronomio 9:9).

«Moisés estuvo allí con Jehová cuarenta días y cuarenta noches; no comió pan ni bebió agua. Y escribió en tablas las palabras del pacto, los diez mandamientos» (Éxodo 34:28).

Moisés ayunó durante cuarenta días en el Monte Sinaí dos veces, con solo un par de días entre ellos. Esos ayunos de cuarenta días fueron ayunos absolutos sin ningún alimento ni agua. Asumimos que Moisés no bebió ningún jugo, ya que estaba en una región desértica. Si esta suposición es cierta, este es un ayuno milagroso, porque normalmente el ser humano solo puede vivir unos pocos días sin agua.

Muchas personas también creen que el ayuno de cuarenta días de Elías durante su viaje al Monte Horeb fue sin comida ni bebida. Nuevamente, si esta creencia es cierta, Dios sustentó sobrenaturalmente a Elías durante este tiempo. «Se levantó, pues, comió y bebió. Fortalecido con aquella comida anduvo cuarenta días y cuarenta noches hasta Horeb, el monte de Dios» (1 Reyes 19:8).

Si estos largos ayunos se realizaron sin la ingesta de líquidos, fueron, de hecho, ayunos sobrenaturales realizados en la presencia de Dios y a través de la provisión de Dios. No puedo recomendar que persigas este tipo de ayuno, que tan solo debería hacerse con la dirección del Espíritu Santo.

El ayuno solo de jugo. Muchos médicos recomiendan los ayunos de jugo como un medio de salud restaurativa y limpieza del cuerpo. En un ayuno de jugo, el cuerpo se desintoxica y se limpia de impurezas, así como entra en una cetosis limitada, que descompone las células de grasa para obtener energía.

Entiendo que los jugos pueden tomarse durante los tiempos de ayuno y no deberíamos ser legalistas al respecto. Es un asunto de conciencia y compromiso entre la persona que ayuna y el Señor. Se recomienda que, si se participa en un ayuno de jugo, solo se utilicen jugos que sean cien por ciento naturales, dado el efecto que el azúcar procesado tiene en el cuerpo.

El ayuno parcial (o de Daniel). Daniel 1:12 dice: «Te ruego que hagas la prueba con tus siervos durante diez días: que nos den legumbres para comer y agua para beber». Luego, el versículo 15 registra: «Y al cabo de los diez días pareció el rostro de ellos mejor y más robusto que el de los otros muchachos que comían de la porción de la comida del rey».

El ayuno parcial se practica limitando severamente nuestra ingesta de alimentos. Este es el tipo de ayuno en el que Daniel y otros tres jóvenes hebreos participaron mientras estaban cautivos en Babilonia. Esos cuatro hombres, junto con otros prometedores jóvenes líderes hebreos, fueron llevados a Babilonia en la primera deportación de Judá. El gobierno babilónico programó un entrenamiento especial para ellos. Esperaban que esos jóvenes líderes adoptaran las costumbres babilónicas y ayudaran a que su pueblo se sometiera pacíficamente ante Babilonia.

El plan original era alimentarlos de la mesa del rey y darles el vino que él bebía. De esta manera, probarían el maravilloso sabor del poder y el privilegio babilónicos, haciéndoles desear permanecer en buenos términos con el rey. Ese simple plan buscaba hacer que estos líderes estuvieran lo más saludables posible para su futuro empleo.

Ananías, Misael y Azarías, a quienes conocemos como Sadrac, Mesac y Abed nego, se unieron a Daniel en un plan para mantener su dieta hebrea y, por lo tanto, su pureza. Daniel pidió al babilonio encargado de sus comidas que les diera legumbres para comer y agua para beber durante diez días. Al final de los diez días, el eunuco sirviente podría examinarlos para ver si seguían saludables.

Él estuvo de acuerdo y los cuatro hombres hebreos comieron legumbres y bebieron agua, mientras el resto de los líderes elegidos comían de las comidas dignas de un rey. Dios los bendijo durante ese tiempo de alimentación restringida; al final de los diez días, los cuatro estaban más saludables que antes, y también fueron espiritualmente bendecidos.

Además de los beneficios espirituales, algunos expertos en salud creen que un ayuno parcial de limpieza y separación puede beneficiar físicamente a la persona. Un ayuno parcial limita la ingesta de alimentos y líquidos con fines espirituales. Cuando se hace con los propósitos correctos, un ayuno parcial parece no solo aceptable, sino también bendecido por el Señor.

Los ayunos parciales restringidos pueden incluir comer solamente verduras y frutas frescas, junto con mucha agua. Otras restricciones también pueden expresar tu deseo de pureza ante el Señor en un mundo donde el rey de la oscuridad busca corromper al pueblo de Dios. Elmer L. Towns escribió un buen libro sobre este tipo de ayuno, así como otros: *Fasting for Spiritual Breakthrough: A Practical Guide to Nine Biblical Fasts* [Ayuno para el avance espiritual: Una guía práctica para nueve ayunos bíblicos]. Dedicó un capítulo entero al ayuno de Daniel.

Principio 5: La oración debe acompañar el ayuno

Los cristianos ayunamos no solo por razones de salud o medicinales, sino que nos enfocamos en el objetivo de acercarnos a Dios y conectarnos con Él de una nueva manera. Al combinar la oración con el ayuno, podemos mantenernos centrados en el propósito de nuestro sacrificio. La oración constante durante una temporada de ayuno le permite a Dios dirigir nuestras oraciones, revelar la Escritura o hablarnos personalmente.

Durante los tiempos de ayuno personal, algunos de mis mayores momentos de revelación, descubrimiento espiritual y limpieza han llegado mientras estaba en oración. Durante un ayuno prolongado, nuestro nivel de energía se transforma en una nueva dimensión espiritual y de revelación, y a menudo somos tentados a trabajar más en lugar de tomarnos el tiempo necesario para sentarnos a los pies de Jesús. Durante un ayuno largo, generalmente descubro que mi fuerza e intensidad en la oración no son siempre las mismas que cuando estoy comiendo; sin embargo, he experimentado más oraciones respondidas y escucho más (permitiendo que Dios me hable) durante un ayuno que de otra manera.

Mantenernos enfocados en la oración puede ser difícil en cualquier momento,

> *Al combinar la oración con el ayuno, podemos mantenernos centrados en el propósito de nuestro sacrificio.*

pero eso es especialmente cierto durante un ayuno. Nuestras mentes quieren divagar y, debido a nuestro cansancio, tenemos dificultad para mantenernos enfocados. A veces, durante un ayuno prolongado, es difícil orar. No estoy seguro de si eso se debe a la resistencia satánica o simplemente a que los niveles de energía son bajos, o quizás ambas cosas. He descubierto que estructurar mis oraciones (o usar un modelo de oración) puede ayudar a mantenerme enfocado.

Los modelos de oración ayudan a que nuestras oraciones procedan en cierta dirección. Así como las vías del tren brindan dirección y guía al tren, un modelo de oración dirige y guía nuestras oraciones. Dado que estoy convencido de que debemos orar para maximizar nuestro ayuno, quería compartir algunos de los modelos de oración que utilizo. Si has visto o utilizado alguno de estos antes, puede que desees revisarlos o incluso crear nuevos por tu cuenta.

ACTS (*acróstico que significa «hechos»)

La iglesia en los Hechos de los Apóstoles era una iglesia de oración. Puedes unirte a ellos en oración mientras procedes a orar a través del siguiente acróstico:

Adoración: comienza este tiempo de oración con adoración y alabanza al Señor. Él es digno de ser adorado.

Confesión: después de la alabanza viene un tiempo de arrepentimiento, quebrantamiento y confesión de pecados y debilidades ante el Señor. Este suele ser un momento muy especial.

Tiempo de acción de gracias: un corazón agradecido y una mentalidad de gratitud son uno de los mayores regalos que puedes darte a ti mismo. Durante este tiempo, puedes contar tus bendiciones y dar gracias a Dios por todo lo que ha hecho.

Súplica: la fase final de este tiempo de oración se dedica a presentar las necesidades de otros y las tuyas ante el Señor en peticiones.

JOY (*acróstico que significa «gozo»)

Otra sencilla guía de oración que he utilizado es un acróstico de la palabra *joy*:

Jesús: prioriza tu relación con Él y alábale por ser tu Salvador.

Otros: presenta las necesidades de otros ante el Señor, incluyendo la familia, los amigos, los cristianos alrededor del mundo y los perdidos.

You («tú»): finalmente, lleva tus necesidades personales al Señor.

Si quieres vivir con *gozo*, puedes abrazar este modelo de oración, poniendo al Señor y a los demás primero.

El Padre Nuestro

«Vosotros, pues, oraréis así: "Padre nuestro que estás en los cielos, santificado sea tu nombre. Venga tu Reino. Hágase tu voluntad, como en el cielo, así también en la tierra. El pan nuestro de cada día, dánoslo hoy. Perdónanos nuestras deudas, como también nosotros perdonamos a nuestros deudores. No nos metas en tentación, sino líbranos del mal, porque tuyo es el Reino, el poder y la gloria, por todos los siglos. Amén"» (Mateo 6:9-13).

Padre nuestro que estás en los cielos: Comienza tu tiempo de oración enfocándote en el hecho de que Dios te llama su hijo, y puedes acercarte a Él como tu Padre amoroso que tiene cuidado de ti.

Santificado sea tu nombre: Continúa santificando el nombre de Dios y honrando su naturaleza y persona. Durante esta parte de oración, puedes mencionar algunos de los nombres de Dios del Antiguo Testamento, como *Jehová-nissi,* el Señor mi estandarte; *Jehová-shalom,* el Señor mi paz; y *Jehová-jireh,* el Señor que ve y provee, o el Señor mi proveedor. Se pueden usar muchos otros nombres del Antiguo Testamento para Dios. Después de esto, posiblemente quieras mencionar los nombres de Jesús. Una gran manera de meditar, adorar y honrarlo es orando a través de las declaraciones «Yo Soy» de Cristo.[13]

Venga tu reino: En este punto, ora para que Dios restaure su Reino. Pablo nos dice que el Reino de Dios es justicia, paz y gozo en el Espíritu Santo (Romanos 14:17), así que puedes orar especialmente por estos atributos en tu vida.

Hágase tu voluntad en la tierra, como en el cielo: A continuación, concéntrate en que su voluntad y no la tuya sea hecha en tu vida. Este es un tiempo de rendición, pidiendo al Señor que crucifique tu voluntad, para que la suya pueda ser realizada.

Danos hoy el pan nuestro de cada día: Ahora, presenta tus necesidades al Señor y pídele que sea tu fuente de provisión para ese día. Él nunca deja de responder a esta ni a cualquier otra petición en esta oración cuando tu corazón es sincero.

Perdona nuestras deudas, así como nosotros perdonamos a nuestros deudores: Concéntrate en liberar y perdonar a cualquiera que te haya fallado. Esta petición suele ser una de las más difíciles; sin embargo, es una de las más gratificantes espiritualmente.

No nos dejes caer en la tentación, mas líbranos de mal: Siempre debes dedicar tiempo a orar contra los planes de tu adversario y pedir la protección espiritual de tu Padre.

Tuyo es el reino, y el poder, y la gloria, por los siglos: La alabanza y exaltación de Dios sobre todo lo que se le haya pedido concluye nuestra oración.

Amén: *Amén* es un término hebreo que transliteramos tanto al inglés como al griego. Dicho por Dios en la Escritura, que significa «así es y así será». Además, dicho por individuos en la Escritura, significa «así sea». *Amén* fue un término de asentimiento o afirmación. Nunca debemos olvidar el *Amén* al final de nuestras oraciones, porque le recuerda a Dios que queremos que así sea.

Al hacer esta oración, siempre he sido enriquecido, renovado y bendecido por ello. Sorprendentemente, nunca me aburro del Padre Nuestro. Dado que esta forma de orar proviene directamente de Jesús, contiene una energía y gracia sobrenatural excepcionales, al menos para mí. Días enteros de un ayuno podrían pasarse caminando con el Espíritu Santo a través de esta senda de oración. ¡Amén!

La oración de Jabes

Otra oración popular es la oración de Jabes. Cuando se publicó un pequeño libro sobre este tema hace muchos años, se convirtió en uno de los más vendidos en Estados Unidos, incluso en librerías seculares. La gente buscaba dirección en una oración que funcionara. Personalmente, sigo siendo bendecido y desafiado por esta simple oración del Antiguo Testamento:

> *«Jabes fue más ilustre que sus hermanos, al cual su madre llamó Jabes, diciendo: "Por cuanto lo di a luz con dolor". [...] Invocó Jabes al Dios de Israel diciendo: "Te ruego que me des tu bendición, que ensanches mi territorio, que tu mano esté conmigo y que me libres del mal, para que no me dañe". Y le otorgó Dios lo que pidió»* (1 Crónicas 4:9-10).

Este modelo de oración se divide en las siguientes cuatro partes, pidiendo:

Que me des tu bendición: Comienza esta oración pidiendo bendiciones para tu vida personal, tu familia y otros cercanos. Simplemente pídele a Dios que te favorezca con bendiciones.

Que ensanches mi territorio: En esta parte de la oración, pedimos a Dios que expanda las oportunidades y la efectividad del ministerio. Siempre he hallado respuesta a esta petición. De hecho, en algunas temporadas dejé de orar esta petición porque creía que no iba a poder sobrevivir a las muchas oportunidades de ministerio que se me presentaron. Puede que tú también tengas que hacer lo mismo.

Que tu mano esté conmigo: Siempre debes orar para que la mano de Dios te guíe y te proporcione oportunidades y bendiciones. Además, puedes orar por los recursos y la dirección específica que necesitas para el ministerio.

Que me libres del mal, para que no me dañe: Como en el Padre Nuestro, pide al Señor que te mantenga alejado de la tentación y que impida las actividades de tu enemigo. Ora para que Satanás no pueda usarte y que Dios llene tu vida de gracia, para que otros no sean heridos.

PRAY (*acróstico que significa «orar»)

Otro modelo de oración fácil para recordar proviene de convertir la palabra *PRAY* en tu lista de puntos de oración:

Praise (**«alabar»**): La Palabra de Dios nos enseña a entrar por sus puertas con acción de gracias y en sus atrios con alabanza. Comienza tu tiempo de oración con alabanza.

Remember (**«recordar»**): Reflexionamos sobre las bendiciones de Dios y las respuestas a oraciones anteriores. Cuando te tomas el tiempo para recordar, te sorprenderás de cuánto tienes que agradecerle.

Ask («**pedir**»): Intercede ante Dios por los demás. A través de la intercesión, nos ponemos en la brecha por los demás y pedimos a nuestro Padre por sus necesidades.

You («**tú**»): Ahora es el momento de presentar tus solicitudes personales, necesidades, preguntas y pensamientos más íntimos al Padre. Sé honesto; dile cómo te sientes en realidad y lo que realmente necesitas.

Oración dirigida por el Espíritu

Puedes usar muchas otras palabras o porciones de la Escritura en tu oración devocional. Lo principal es que una comunicación con Dios requiere esfuerzo enfocado y tiempo dedicado. El ayuno libera el tiempo que se gasta en planificar comidas, preparar alimentos y en comer. ¿Por qué no usar ese tiempo extra para buscar al Señor?

También deberíamos estar abiertos a la oración inspirada por el Espíritu durante nuestros tiempos de ayuno. A menudo, durante un ayuno, la carga de orar vendrá en momentos inusuales, incluso en medio de la noche. Nuestros sentidos espirituales están agudizados durante el ayuno, lo que nos permite escuchar la voz de Dios

> *Nuestros sentidos espirituales están agudizados durante el ayuno, lo que nos permite escuchar la voz de Dios y responder más fácilmente.*

y responder más fácilmente. Nunca sabemos lo que el Espíritu puede hacer mientras respondemos a la intercesión. El siguiente relato, del libro *Titanic: A Survivor's Story* (Titanic: La historia de un sobreviviente), nos recordará esa verdad:

Archibald Gracie disfrutó de la natación el 14 de abril de 1912. La piscina del barco era un tanque de agua salada de seis pies de profundidad, climatizada a una temperatura refrescante. «En ninguna piscina de natación había disfrutado de tal placer». Pero su relato continuó diciendo: «Qué cerca estuvo de ser mi último chapuzón. ¡Antes del amanecer de otro día, estaría nadando por mi vida en medio del océano a una temperatura de 28 grados Fahrenheit!».

Después de su nado, esa noche del domingo, el coronel Archibald Gracie se retiró a su camarote y se quedó dormido, solo para despertar con «un repentino choque y ruido». Vistiéndose rápidamente, subió a la cubierta y se enteró de que el barco acababa de chocar con un témpano de hielo.

Al mismo tiempo, en la ciudad de Nueva York, la esposa de Archibald se había despertado. Inundada por una repentina ansiedad y presión espiritual, se arrodilló sosteniendo su libro de oraciones, que por casualidad se abrió en la oración «Por los que están en el mar». La señora Gracie oró durante las primeras horas de la mañana hasta alrededor de las cinco de la mañana, cuando la carga de oración se levantó. Volvió a dormir hasta alrededor de las ocho de la mañana, cuando su hermana «se aproximó suavemente a la puerta, con el periódico en la mano, para decirle con delicadeza la trágica noticia de que el Titanic se había hundido».

¿Qué le había sucedido a Archibald?

> *Yo estaba en un torbellino, girando una y otra vez, mientras aún intentaba aferrarme a la barandilla mientras el barco se precipitaba a las profundidades. Abajo, abajo fui: parecía una gran distancia... (Y ascendí de nuevo a la superficie). No podía ver el Titanic. Había desaparecido por completo bajo la superficie del océano sin rastros de olas formadas. Una delgada neblina grisácea colgaba como un sudario a unos pies sobre el mar. Se oían los sonidos más horribles jamás escuchados por hombre mortal, los gritos agonizantes de la muerte de más de mil gargantas.*

Gracie fue una de las pocas personas rescatadas de las heladas aguas del Atlántico esa noche cuando el Titanic se hundió. El coronel Archibald Gracie escribió más tarde: «No conozco ningún caso registrado de liberación providencial más directamente atribuible a la oración».[14]

La oración es esencial para hacer que tu tiempo de ayuno sea fructífero. Ora regularmente; ora fervientemente; ora con entendimiento; ora en el Espíritu; ora cuando te lo indique el Señor. Tus oraciones viajan más lejos de lo que piensas y son más poderosas de lo que puedas soñar. No necesitas ser inteligente para darte cuenta del potencial que se libera cuando practicas estas disciplinas. ¡Incluso los *dummies* pueden hacerlo!

Capítulo 5: Preguntas para la reflexión

1. ¿Cómo te ha hecho el ayuno más dependiente de Dios?

2. ¿Alguna vez has ayunado de algo que no sea comida? ¿Cómo te fue? ¿Fue el resultado diferente al del ayuno bíblico?

3. ¿Cuál es tu experiencia con los diferentes tipos de ayunos? ¿Qué tipo de ayuno podría estar Dios guiándote a hacer en el futuro?

4. Cuando ayunas, ¿pasas más tiempo en oración que de otro modo pasarías en comida? ¿Por qué es importante usar ese tiempo sabiamente?

5. ¿Alguna vez has utilizado un modelo de oración mientras ayunas? ¿Qué modelos de oración podrías incorporar en tu próximo ayuno?

Lo primero que aprendí sobre mí mismo en momentos de ayuno fue mi pasión por sentirme bien. Tenía hambre y no me sentía bien. De repente, comencé a darme cuenta de que haría casi cualquier cosa para sentirme bien. Ahora, no hay nada de malo en sentirnos bien, pero eso debe ser llevado a un lugar en nuestra vida donde no nos controle.[1]

**Richard Foster,
autor de *Celebration of Discipline*
(Celebración de la disciplina)**

Mis rodillas están débiles a causa del ayuno y mi carne desfallece por falta de gordura.
Salmos 109:24

¡El ayuno duele!
Aclaremos los problemas del ayuno

«¡Ohhh! ¡Fuego caliente quema!». Esas son las palabras que mi hijo, Ashley, decía cuando estaba cerca del fuego. Durante su niñez, estábamos convencidos de que Ashley iba a ser bombero o pirómano debido a su fascinación por cualquier cosa que estuviera ardiendo. Cada vez que veía llamas, cambiaba a otro nivel de asombro y curiosidad. Quería estar cerca del fuego y observarlo de cerca.

Como padres, estábamos preocupados de que Ashley pudiera lastimarse gravemente o lastimar a alguien más debido a esta fascinación. Sin embargo, Ashley aprendió una gran lección desde chico al tocar una hornilla encendida en la estufa. Aprendió que el fuego caliente, aunque era maravilloso verlo, podía hacer daño si lo tocabas. Como resultado, corría hacia el fuego, miraba con fascinación y decía su «¡Ohhh! ¡Fuego caliente quema!», pero no lo tocaba. Nunca sufrió lesiones graves por el fuego.

Es natural mantenerse alejado de las cosas que nos lastiman o nos traen dolor personal. Hemos aprendido a mantener nuestras manos alejadas de la estufa; nuestros dedos, de los objetos que caen; nuestras rodillas, de la acera; nuestros dedos, de las navajas de afeitar; y nuestros ojos, de la luz solar directa. También hemos aprendido a evitar abejas, arañas, serpientes y otros animales peligrosos. Algunos de nosotros incluso tratamos de mantenernos alejados de las consultas médicas, las salas de hospital y las sillas del dentista. Todos queremos evitar el dolor. Para la mayoría de las personas, evitar el dolor es una tarea diaria.

Aunque todavía no entiendo muchos misterios sobre el ayuno, estoy seguro de una cosa: ¡el ayuno duele! No podemos evitar el dolor mientras ayunamos, ya sea por períodos largos o cortos. Si el ayuno no doliera tanto, todos ayunarían. El dolor del ayuno es la razón número uno por la que los cristianos se resisten a él. Al principio de mi caminar en esta disciplina espiritual, me sentía sobrecogido por el dolor. Muchas veces, terminaba un ayuno demasiado pronto porque simplemente no podía enfocarme debido a los dolores de cabeza o el dolor de estómago. A través de la experiencia, aprendí a reconocer lo que me ocurría al ayunar, y esa comprensión me ayudó a prepararme para el dolor.

> *Aunque todavía no entiendo muchos misterios sobre el ayuno, estoy seguro de una cosa: ¡el ayuno duele!*

¿Por qué duele el ayuno?

Básicamente, el ayuno es doloroso porque implica la muerte de células en nuestro cuerpo. La muerte es dolorosa, ya sea a nivel celular o sistémico. Gran parte del dolor en un ayuno prolongado ocurre durante los primeros días. El primer y más severo dolor experimentado al ayunar normalmente proviene de los dolores de cabeza durante las primeras horas y días de un ayuno. Esos dolores de cabeza suelen ser debidos a la abstinencia de la cafeína que usualmente nuestros cuerpos reciben en el café, el té o los refrescos. A medida que el cuerpo comienza a limpiarse de estas y otras toxinas, el dolor puede ser severo, pero gradualmente disminuye.

El estómago también duele porque ha sido entrenado para hacerlo. Desde que éramos bebés, los retortijones de hambre sirvieron como una alarma para procurar alimentación. La mayoría de nosotros, de adultos, tenemos alarmas excesivas de hambre que nos hacen comer aun cuando no es necesario.

Mientras privas a tu cuerpo de nutrición y comida, tu estómago enviará cada vez más señales a tu cerebro. A veces, durante un ayuno, puedes sentir como si tu estómago hubiera convencido a tu cerebro de que si no recibes comida de inmediato, vas a morir. Por lo general, si puedes soportar esos momentos de pánico, podrás superar la situación. A medida que ayunas, tu estómago se encoge, lo que también causa incomodidad.

Durante un ayuno más prolongado, también puedes experimentar dolor en áreas particulares donde tu cuerpo necesita sanación o se está limpiando. La capacidad de autosanación de nuestros cuerpos se intensifica durante un ayuno prolongado. También podemos sentir dolor o debilidad simplemente debido a los cambios en los niveles de azúcar en la sangre y de electrolitos durante el ayuno.[2]

¿Debo prepararme para un ayuno?

Preparar tu cuerpo, tu mente y tu vida para un ayuno es muy importante. Físicamente, puede que desees consultar a un médico antes de embarcarte en un ayuno, especialmente un ayuno prolongado. Te recomiendo que lo pongas en tu calendario según te dirija el Señor. Reservar ciertos días en mi calendario ha sido muy útil para reorganizar horarios, recepciones, fiestas u otros compromisos para evitar mis días de ayuno.

Si estás casado, debes comunicarte claramente con tu cónyuge sobre tu ayuno. Recuerdo que en uno de mis primeros intentos de ayuno, la misma mañana en que iba a comenzar un ayuno, desperté con el olor del tocino cocinándose. Lisa, mi esposa, se había levantado temprano y había preparado un desayuno excepcional

> *Preparar tu cuerpo, tu mente y tu vida para un ayuno es muy importante.*

como un regalo para mí. Más tarde le dije que el diablo realmente la usó ese día, pero ella no sabía que yo estaba comenzando un ayuno prolongado. Así que comencé el ayuno al día siguiente. Tu cónyuge necesitará estar de acuerdo con tu tiempo de búsqueda del Señor.

También deberías prestar atención a las instrucciones de Pablo de abstenerte de la actividad sexual con tu cónyuge mientras ayunas: «No os neguéis el uno al otro, a no ser por algún tiempo de mutuo consentimiento, para ocuparos sosegadamente en la oración. Luego volved a juntaros en uno, para que no os tiente Satanás a causa de vuestra incontinencia» (1 Corintios 7:5).

¿Qué sucede en mi cuerpo cuando ayuno?

Para muchos, el ayuno ha demostrado ser terapéutico y saludable. Aunque el cristiano ayuna por razones espirituales, nos beneficiamos al entender algunas de las cosas que están ocurriendo en nuestro cuerpo mientras ayunamos. Los beneficios físicos del ayuno son una bendición adicional. Desde la antigüedad, el ayuno se ha practicado por su efecto medicinal y curativo en el cuerpo. Los tres antiguos padres de la medicina occidental —Hipócrates, Galeno y Paracelso— creían que el ayuno podía ser saludable para la persona. Paracelso declaró que el ayuno es «el mayor remedio, el médico que llevamos dentro».[3]

Las personas también han entendido desde tiempos antiguos que los hábitos alimenticios inadecuados pueden causar un gran daño a sus cuerpos. Un proverbio egipcio antiguo dice: «Una cuarta parte de lo que comes te mantiene vivo. Las otras tres cuartas partes mantienen vivo a tu médico».[4]

El ayuno:

- promueve la desintoxicación y la eliminación de toxinas almacenadas.[5]
- le da al tracto digestivo un descanso muy necesario.[6]
- promueve la curación de procesos inflamatorios,[7] calma las reacciones alérgicas,[8] puede eliminar acumulaciones anormales de líquido en el cuerpo, como el edema,[9] e incluso ayuda en muchos casos de hipertensión.[10]
- mueve al cuerpo hacia la cetosis, que descompone la grasa almacenada para liberar energía que causa pérdida de peso.[11]
- ayuda a las personas con problemas en la piel y las hace lucir y sentirse rejuvenecidas.[12]
- asiste a algunas personas en romper adicciones y superar malos hábitos.

Cuando comienzas a ayunar, tu lengua generalmente se cubre con una sustancia blanca y espesa. Esto sucede a medida que el cuerpo comienza a eliminar toxinas. Puedes cepillarla para ayudar te a tolerar esa situación. A medida que tu cuerpo comienza a desintoxicarse, tu aliento olerá mal durante las primeras horas y días de un ayuno. Sin embargo, a medida que tu cuerpo entra en cetosis, durante la cual la grasa almacenada se convierte en una fuente de energía, tu aliento generalmente se volverá dulce.[13]

Este punto de reacción con cetosis en tu cuerpo generalmente coincide con una sensación de que has superado un obstáculo en el ayuno. Los dolores de cabeza desaparecen o se reducen. Los antojos de hambre disminuyen y tu sensación de bienestar mejora. Muchos cristianos nunca alcanzan esta fase de avance porque terminan el ayuno demasiado pronto.

La cetosis permite que se libere energía para que puedas continuar tu actividad a un ritmo bastante constante. Durante los primeros días de ayuno, generalmente me siento aturdido y quiero descansar. Sin embargo, a medida que avanza el ayuno, mi energía aumenta y, en lugar de querer dormir una siesta todo el tiempo, a veces tengo problemas para dormir. Siempre me sorprende la energía que siento durante un ayuno prolongado. Mi cuerpo se ha limpiado y se siente rejuvenecido. En cada ayuno largo, he llegado a un lugar en el que pienso que probablemente podría ayunar para siempre. Por supuesto, eso no es cierto, y el ayuno debe romperse en algún momento.

¿Qué debo hacer durante el ayuno?

¡Si estás en un ayuno normal, solo con agua, bebe grandes cantidades de agua diariamente! Te recomiendo que bebas agua embotellada o destilada, porque muchos sistemas de agua públicos tienen productos químicos que podrían dañar tu estómago.[14] Suelo beber numerosas botellas de agua al día. Si estás en un ayuno restrictivo y bebiendo jugos, te recomiendo jugos de frutas cien por ciento naturales solamente. Necesitarás leer las etiquetas para determinar si se han añadido azúcares. El azúcar añadido mantendrá tu cuerpo en una montaña rusa fisiológica y hará que sea más difícil mantener el ayuno, en contraste con el jugo puro. También necesitarás beber mucha agua, incluso si estás tomando jugo durante tu ayuno. Cuando pienses que has bebido suficiente agua, bebe más.

Si estás ayunando durante el invierno, tu temperatura corporal será más baja de lo normal durante el ayuno, lo que te hará sentir frío.[15] Suéteres, mantas adicionales o incluso una manta eléctrica pueden ayudarte a sentirte cómodo.

Mientras ayunas, puedes sentirte débil y encontrar que el trabajo físico normal es más difícil. Puedes experimentar mucha debilidad o mareo después de levantar algo pesado. Es posible que necesites descansar periódicamente, si tu agenda está llena.

Te recomiendo que despejes tu agenda de compromisos que incluyan almuerzo y cena, tanto como sea posible. Es inevitable que se programen una gran cena, la fiesta especial del jefe o algo disruptivo durante tus días de ayuno. Necesitarás una fuerte determinación para afrontar estas situaciones sin violar tu ayuno. He manejado estos momentos difíciles a lo largo de los años generalmente diciendo que no estoy disponible para la ocasión. O, si me encuentro en un lugar donde no puedo evitarlo, simplemente digo que no estoy comiendo. En algunas ocasiones, posiblemente tengas que decirle a alguien que estás ayunando; sin embargo, la enseñanza de Jesús sobre este tema nos anima a mantener nuestro ayuno en privado, tanto como podamos.

> *Uno de los maravillosos resultados de disciplinar tu vida por Cristo será acceder a una gracia sobre gracia.*

La oración y otras disciplinas espirituales, como la lectura de la Biblia y la asistencia a la iglesia, también deberían ser parte de tu ayuno. Uno de los maravillosos resultados de disciplinar tu vida por Cristo será acceder a una gracia sobre gracia.

¿Cómo debo romper un ayuno?

Romper (terminar) un ayuno es una de las partes más críticas del ayuno. Debido a que tu tracto digestivo ha estado descansando, deberías romper el ayuno gradualmente, porque estás a punto de despertar esa parte de tu cuerpo. Cómo lo hagas es muy importante.

Una buena regla para seguir es que cuanto más largo sea el ayuno, más tiempo deberías tomarte para romperlo. Se requerirá de disciplina extrema en este asunto. Psicológicamente, estarás listo para comer mucha comida enseguida. Fisiológicamente, no estás listo para sumergirte en tus viejos patrones alimenticios.

Comienza a romper tu ayuno con jugos de frutas o vegetales, luego puedes pasar a sopas, frutas, verduras y alimentos más suaves es el mejor plan. Puedes comer carne, granos duros y alimentos picantes solo después de que tu sistema digestivo esté funcionando correctamente. Debes tener mucho cuidado en romper el ayuno lentamente para evitar cualquier daño a tu sistema.[16] Muchas personas experimentan diarrea o estreñimiento después de un ayuno prolongado. Conozco a un joven que rompió un largo ayuno de jugos comiendo un filete. No hace falta decir que, después de días de sufrimiento en su tracto digestivo, ¡nunca volverá a romper un ayuno de esa manera!

Continúa bebiendo muchos líquidos mientras rompes tu ayuno. Beber mucha agua ayudará a tus riñones y otros órganos a medida que comienzan a procesar la nutrición que estás recibiendo. Además, aumenta la actividad física inmediatamente antes y durante el tiempo en que estás rompiendo el ayuno, porque el metabolismo de tu cuerpo se puso más lento para conservar combustible.[17]

Muchas personas se sorprenden de lo rápido que recuperan peso después de un ayuno. El ritmo metabólico reducido es una de las razones por las que esto es cierto. Además, el cuerpo actúa rápidamente para conservar y almacenar combustible en caso de que decidas ayunar de nuevo.[18] El ejercicio forzará al cuerpo a aumentar el metabolismo, lo que ayudará a medida que reintroduzcas alimentos sólidos en tu sistema.

Después de un ayuno prolongado, uno tiene una gran oportunidad de cambiar sus patrones de alimentación y dieta a largo plazo. Así como pudiste mantener la disciplina durante el ayuno, mantente disciplinado después del ayuno.

Discutiremos las dinámicas espirituales de romper un ayuno en otro capítulo. Estas son importantes, y cómo las manejes afectará críticamente los resultados espirituales a largo plazo de tu ayuno.

> *Aceptamos voluntariamente el dolor por la ganancia de la presencia y plenitud de Cristo.*

La mayoría de nosotros hemos aprendido (como mi hijo, Ashley) que podemos estar cerca del fuego sin quemarnos. El ayuno nos invita figurativamente al fuego. A pesar de nuestros mejores esfuerzos y numerosas precauciones, a veces el ayuno será doloroso e incómodo. Recuerda: sin dolor, no hay ganancia. Durante los momentos en que el ayuno duele más, nuestra desesperación interna se expresa con más fuerza. Aceptamos voluntariamente el dolor por la ganancia de la presencia y plenitud de Cristo.

Capítulo 6: Preguntas para la reflexión

1. ¿Alguna vez has evitado ayunar, incluso cuando sentías la guía del Señor, por el dolor que anticipabas que podrías experimentar durante el ayuno?

2. ¿Alguna vez has roto un ayuno antes de tiempo debido al dolor que experimentaste?

3. ¿Ha tenido dificultades para cambiar tu horario para acomodar tu ayuno? ¿Por qué es importante hacer esto?

4. ¿Cómo puedes preparar tu cuerpo físicamente para el ayuno?

5. ¿Alguna vez has cosechado grandes recompensas espirituales por el ayuno a pesar del dolor físico soportado?

El ayuno es solo un medio que Dios ha ordenado, en el cual esperamos su misericordia inmerecida y en el cual Él ha prometido darnos libremente su bendición, sin ningún deseo de nosotros mismos.[1]
Juan Wesley

Haced morir, pues, lo terrenal en vosotros: fornicación, impureza, pasiones desordenadas, malos deseos y avaricia, que es idolatría.
Colosenses 3:5

Así que yo de esta manera corro, no como a la ventura; de esta manera peleo, no como quien golpea el aire; sino que golpeo mi cuerpo y lo pongo en servidumbre, no sea que, habiendo sido heraldo para otros, yo mismo venga a ser eliminado.
1 Corintios 9:26–27

Me consumió el celo de tu casa y los insultos de los que te vituperaban cayeron sobre mí. Lloré, afligiendo con ayuno mi alma, y esto me ha sido por afrenta.
Salmos 69:9–10

Morir para alcanzar tu destino: liberar el potencial del ayuno

Algunos de mis viajes alrededor del mundo a lo largo de los años han sido inusuales, pero hace varios años hubo un viaje asombroso, o quizás debería decir que me sorprendió mi falta de sabiduría al aceptar hacerlo. Aterrizamos en una nación de África occidental tarde en la noche. Después de pasar por la aduana, lo cual no fue una tarea fácil, encontré a los hermanos que vinieron a recibirme.

Uno era mi anfitrión de esa semana, y el otro llevaba un uniforme del ejército, con pistola y todo. Debería haber reconocido de inmediato que iba a ser un viaje fuera de lo normal. Agarraron mi equipaje, nos dirigimos a un taxi que nos esperaba y me pidieron que me metiera en un asiento bastante pequeño (al menos para mi gran cuerpo). Inmediatamente, comenzamos nuestro viaje a través de las calles de la ciudad hacia las afueras y más allá.

—¿A dónde vamos esta noche? —pregunté.

—Al sitio de la conferencia —respondió mi anfitrión.

—¿Qué tan lejos está eso? —volví a preguntar mientras mi cuerpo se sacudía en la carretera llena de baches.

—Aproximadamente cinco horas —me compartió la otra persona a mi lado.

¡Suspiré hondo!

Un viaje de casi dos días a través del Atlántico, por Europa y hacia África occidental, más cinco horas en un coche apretado, con un soldado y un anfitrión a quien no conocía no era una situación muy acogedora que digamos. Sin mencionar que el asiento estrecho aparentemente carecía de muelles, y el coche no tenía amortiguación. Íbamos por un camino que hubiera podido pasar por un campo de pruebas para vehículos todoterreno. (Oh, olvidé mencionar que en el ajetreo de aterrizar y pasar por aduanas, olvidé pasar por el baño). ¡Esas cinco horas iban a ser largas!

Habíamos recibido la invitación a esa nación de una manera inusual meses antes. Fue una solicitud por Internet a nuestro programa de televisión para realizar una cruzada, junto con la enseñanza en una conferencia de capacitación para ministros. Aunque recibimos varias de estas consultas cada mes, rara vez acepto alguna de ellas. Por lo general, mis viajes internacionales son con fuentes conocidas y de confianza, a través de nuestras redes ministeriales. Sin embargo, en oración, me sentí inusualmente atraído a decir que sí a esta invitación.

Llevaba aproximadamente dos horas en el viaje. Estaba seguro de que no había orado lo suficiente antes de aceptar, o quizás el diablo estaba en este compromiso en lugar del Señor. Las noches africanas, los baches, los soldados con armas y un cuerpo realmente cansado pueden ser desorientadores.

El auto pequeño entró en una sección de la carretera más difícil y más curveada, que nos llevó a una zona montañosa. A medida que ascendíamos desde el nivel del mar, el aire se espesaba con lo que parecía ser humo. Mi confiable anfitrión me informó que era niebla. Durante las siguientes dos horas condujimos sin poder ver nada. No había líneas pintadas en la carretera, y la niebla era tan densa que los lados de la carretera parecían desaparecer. Los baches constantes me ayudaron a asegurarme de que todavía estábamos en la carretera principal, pero en general, mi nivel de seguridad estaba muy bajo.

Mientras estaba sentado atrás, en el borde del pequeño asiento, miraba entre los asientos delanteros hacia la carretera, pero no podía ver. La realidad (o al menos algunas posibilidades) comenzó a dominar mi mente. En la niebla montañosa de África occidental, la imaginación de una persona puede volar. Comencé a pensar: *No conozco a estas personas. ¿Y si me invitaron aquí para robarme? ¿Y si me matan y dejan mi cuerpo al lado de la carretera en la niebla? Alguien me encontrará? Mi esposa llegará a saber lo que pasó?* Ya entiendes la idea.

Finalmente, después de un viaje de cinco horas y media (hice un par de paradas necesarias en el camino), llegamos sanos y salvos al lugar donde me alojarían. A la mañana siguiente, la niebla se disipó y comenzó el ministerio.

Durante los siguientes días, experimentamos maravillosas bendiciones del Señor, equipamos a varios jóvenes líderes africanos, cosechamos una gran cantidad de almas durante la cruzada y establecimos excelentes conexiones ministeriales. También aceptamos una oferta para lanzar nuestro programa de radio en francés por primera vez en un grupo de estaciones de radio nacionales, sin costo alguno. Estuve contento por haber ido y agradecido de no haberme echado hacia atrás o haberme rendido. Aunque fue difícil, definitivamente fue una cita divina.

> *Las citas divinas suelen requerir un viaje difícil.*

Las citas divinas suelen requerir un viaje difícil. A veces, el viaje hacia nuestro destino puede ser desorientador. La oscuridad, la niebla espiritual, el camino áspero y los personajes que viajan con nosotros pueden hacer que nuestra imaginación se descontrole. Llegar a donde Dios quiere que vayamos no siempre es fácil. Algunos de nosotros nunca llegamos allí. Estamos en algún lugar entre el llamado y la culminación, entre la decisión y el destino, entre la esperanza inicial y la cosecha definitiva.

La jornada de Eliseo hacia su destino

Al igual que la nuestra, la jornada de Eliseo hacia su destino designado requeriría de cosas que no esperaba. El gran profeta de Israel, Elías, había recibido un mensaje de Dios diciendo que debía ungir al joven Eliseo para que tomara su lugar. Encontró a Eliseo detrás de un arado, trabajando en el campo de su padre. Elías lanzó su manto, o túnica, sobre Eliseo, expresando el llamado de Dios. Eliseo rápidamente le dijo al profeta que tan pronto se despidiera de su familia, estaría encantado de servir.

En un día, Eliseo pasó de arar los campos de su padre terrenal a lavar las manos de su padre espiritual. *Pero Josafat dijo: «¿No hay aquí un profeta del Señor para que consultemos al Señor por medio de él?». Y uno de los siervos del rey de Israel respondió: «Aquí está Eliseo, hijo de Safat, el que vertía agua en las manos de Elías»* (2 Reyes 3:11, NBLA). Esa nueva tarea no habría sido considerada un gran avance, excepto por el entendimiento espiritual de Eliseo de que el toque del manto significaba algo más allá de su trabajo actual.

Mientras que el destino de Eliseo fue decidido en el cielo, se actualizó en la Tierra. Dios lo eligió para convertirse en el próximo profeta de Israel en un momento que Elías no podía derrotar a Jezabel y al imperio maligno que ella inspiraba. La desesperación de Elías ante la oscuridad de Israel hizo necesario que llamara a Eliseo. Después de la emoción de ser elegido proféticamente, la primera parte del trabajo de Eliseo con Elías fue relativamente rutinaria. Esa primera parte en el camino a su nombramiento divino podría haber sido confusa para Eliseo. Al igual que con Eliseo, la anonimidad y la oscuridad de estar a la sombra de otros tientan a muchas personas a echarse para atrás antes de que comiencen las verdaderas pruebas del destino.

Durante varios años, Eliseo sirvió fielmente a Elías, el profeta de Dios. Finalmente, a medida que Elías se acercaba al final de su ministerio, la vida de Eliseo entró en la sección curveada y montañosa del camino, donde se necesitaría el combustible de una gran determinación y paciencia. En 2 Reyes 2, el escritor ofrece su emocionante relato de un padre espiritual a punto de hacer salida y un hijo espiritual a punto de hacer entrada.

Pasar de ser un simple ayudante del profeta a un verdadero profeta que realiza milagros es un proceso. Ese mismo proceso es necesario para cualquiera que se mueva hacia el destino que Dios tiene para él o ella. La jornada de Eliseo para cumplir su llamado, registrada en 2 Reyes, es paralela a la transición del creyente y de la iglesia hacia nuevas dimensiones para la efectividad de cada generación.

Aconteció que cuando Jehová iba a alzar a Elías en un torbellino al cielo, Elías venía con Eliseo de Gilgal. Y Elías dijo a Eliseo:

—*Quédate ahora aquí, porque Jehová me ha enviado a Bet-el.*

—*¡Vive Jehová y vive tu alma, que no te dejaré!* —*le dijo Eliseo.*

Descendieron, pues, a Bet-el. Salieron al encuentro de Eliseo los hijos de los profetas que estaban en Bet-el y le dijeron:

—*¿Sabes que Jehová va a arrebatarte hoy a tu señor?*

—*Sí, lo sé; pero callad* —*respondió él.*

Elías le volvió a decir:

—*Eliseo, quédate aquí ahora, porque Jehová me ha enviado a Jericó.*

—*¡Vive Jehová y vive tu alma, que no te dejaré!* —*le respondió Eliseo.*

Siguieron, pues, a Jericó. Se acercaron a Eliseo los hijos de los profetas que estaban en Jericó, y le dijeron:

—*¿Sabes que Jehová va a arrebatarte hoy a tu señor?*

—*Sí, lo sé; pero callad* —*respondió él.*

Luego Elías le dijo:

—*Te ruego que te quedes aquí, porque Jehová me ha enviado al Jordán.*

—*¡Vive Jehová y vive tu alma, que no te dejaré!* —*le respondió Eliseo.*

Y se fueron los dos. Pero llegaron cincuenta hombres de los hijos de los profetas y se pararon enfrente, a lo lejos, mientras ellos dos se detenían junto al Jordán. Tomó entonces Elías su manto, lo dobló y golpeó las aguas, las que se apartaron a uno y a otro lado, y ambos pasaron por lo seco. En cuanto pasaron, Elías dijo a Eliseo:

—*Pide lo que quieras que haga por ti, antes que yo sea arrebatado de tu lado.*

Eliseo dijo:

—*Te ruego que me dejes una doble porción de tu espíritu.*

—Cosa difícil has pedido —le respondió Elías—. Si me ves cuando sea separado de ti, te será concedido; pero si no, no.

Aconteció que mientras ellos iban caminando y hablando, un carro de fuego, con caballos de fuego, los apartó a los dos, y Elías subió al cielo en un torbellino.

—2 Reyes 2:1-11

Durante años, al leer este pasaje sentía que el Señor estaba tratando de revelarme algo sobre la jornada que Elías y Eliseo hicieron juntos, pero no podía comprender ningún significado especial. Incluso ahora, puedo errar al espiritualizar en exceso esta jornada. Si es así, por favor perdóname. Sin duda, diferentes profundidades de revelación están entrelazadas a lo largo de 2 Reyes 2, y solo comenzaré a comentar superficialmente.

Las ideas compartidas son mías y representan mi experiencia personal. Sin embargo, creo que si estás llamado, si sientes que el manto del toque de Dios en tu vida implica destino y si deseas ver a la iglesia de hoy avanzar hacia un ministerio más efectivo, entonces las próximas páginas de este libro tienen un gran potencial para ti.

El relato en 2 Reyes 2 comienza con el Señor preparando a Elías para llevarlo en un torbellino. Este gran profeta podía sentir que su tiempo se estaba terminando; algo se estaba agitando por dentro. Él y Eliseo comienzan su viaje hacia la partida de Elías y el destino de Eliseo en Gilgal. También comenzaremos nuestro viaje en Gilgal mientras examinamos lo que se requiere para avanzar hacia una mayor fructificación y realización en Cristo.

Gilgal: la separación

La parada de Eliseo en Gilgal podría representar la separación. Si vamos a cumplir el deseo de Dios para nuestra vida, debemos estar separados para Él. Déjame explicar: Gilgal fue el primer lugar donde los hijos de Israel acamparon después de entrar en la Tierra Prometida. En Gilgal, el Señor le dijo al líder Josué que todos los hombres debían ser circuncidados. La señal externa del pacto de Dios con Abraham aún no había sido establecida a toda la generación nacida en el desierto.

> *Si vamos a cumplir el deseo de Dios para nuestra vida, debemos estar separados para Él.*

La circuncisión exterior significaba la separación interior que Dios eligió para su pueblo escogido. Así, antes de que la Tierra pudiera ser conquistada, antes de que se tomaran ciudades, o antes de que se reclamaran las promesas de Abraham, se requería que el pueblo soportara el mismo proceso de separación que sus antepasados.

Gilgal significa «rodar o quitar», porque allí el Señor ayudó a su pueblo a quitar su pasado.[2] «Entonces Jehová dijo a Josué: "Hoy he quitado de encima de vosotros el oprobio de Egipto". Por eso se llamó Gilgal aquel lugar, hasta hoy» (Josué 5:9).

Así como la circuncisión exterior de la generación de Josué les permitió dejar atrás su pasado y prepararse para el futuro bendecido que les esperaba, la limpieza y separación interior del corazón por Jesucristo nos permite prepararnos para el futuro que Él desea para nosotros. Bajo el nuevo pacto, nuestra «circuncisión», o separación, no es solo un corte en nuestra carne, sino una purificación de nuestro corazón de los deseos carnales. «[...] sino que es judío el que lo es en lo interior, y la circuncisión es la del corazón, en espíritu y no según la letra. La alabanza del tal no viene de los hombres, sino de Dios» (Romanos 2:29).

Eliseo fue separado para el servicio de Dios. Cuando fue llamado por Elías, mató sus bueyes y quemó su arado. No planeaba regresar a su pasado. Si vamos a donde Dios nos lleva, entonces debemos dejar atrás nuestro pasado. Nuestra antigua forma de vida nunca nos llevará a cumplir los propósitos de Dios. El llamado de Dios es que nos apartemos de nuestros viejos caminos y nos separemos para el Señor. «Por lo tanto: "Salid de en medio de ellos y apartaos, dice el Señor. Y no toquéis lo inmundo, y yo os recibiré. Y seré para vosotros por Padre, y vosotros me seréis por hijos e hijas, dice el Señor Todopoderoso"» (2 Corintios 6:17-18).

> *Dios usa a personas con un pasado. Tiene que hacerlo; son el único tipo de personas disponibles.*

Cualquiera que sea tu pasado, Dios puede usarlo para tu bien, mientras te entregas completamente a Jesucristo. Dios usa a personas con un pasado. Lo tiene que hacer; son el único tipo de personas disponibles. Todos tenemos pecado en nuestro pasado, «pues todos han pecado y están destituidos de la gloria de Dios» (Romanos 3:23). Dios elige a aquellos que son rechazados, aquellos que otros nunca sospecharían que son sus vasos.

El Nuevo Testamento registra numerosos relatos de personas que soportaron pasados difíciles y aun así cumplieron sus destinos:

- Cuando Dios quiso que una persona llevara el evangelio al mundo gentil, eligió a un hombre con un pasado de asesino de cristianos llamado Saulo, quien se convirtió en el apóstol Pablo.

- Cuando Dios buscaba al primer testigo de la resurrección, eligió a una mujer con un pasado poseído por demonios llamada María de Magdala.

- Cuando Jesús buscaba a un evangelista para realizar una cosecha samaritana, eligió a una mujer con un pasado relacionalmente disfuncional que estaba viviendo con un hombre después de cinco matrimonios anteriores.

- Cuando el Señor quería que alguien llevara su mensaje a un grupo de ciudades difíciles cerca del Mar de Galilea llamadas Decápolis, eligió a un hombre con un pasado de esclavitud, cicatrices y terror. El hombre poseído por una legión de demonios sería la persona adecuada para presentar a Cristo a esa difícil región después de que Jesús lo ayudara a superar su pasado.

- Cuando Dios buscaba al primer predicador pentecostal, eligió a un hombre, Pedro, quien cincuenta días antes había maldecido y negado el nombre de Cristo.

Estas personas, trabajadores como Eliseo, no parecían ser transformadores del mundo como llegarían a ser; sin embargo, el llamado y el amor de Dios los separaron para su futuro destino.

Si vas a avanzar al siguiente nivel, debes pasar por Gilgal. Debes ser separado, pero la separación por sí sola no es suficiente. Elías animó a Eliseo a permanecer en Gilgal. En ese punto, Eliseo comienza a revelar su carácter. No se rindió, y estaba demasiado lejos de su pasado para volver atrás. Sus días de servicio a Elías crearon una sed por Dios que lo impulsó más allá de la separación hacia la siguiente ciudad importante.

Bet-el: visitación

La siguiente parada para Eliseo y Elías fue la ciudad de Bet-el. Bíblicamente, Bet-el era un lugar de visitación. Como vimos anteriormente, Jacob recibió allí una visita nocturna de Dios en la que vio una escalera que llegaba al cielo, con ángeles ascendiendo y descendiendo por ella. Jacob escuchó la voz de Dios y recibió una promesa personal mientras dormía sobre una almohada de piedra. Cuando Jacob despertó de ese encuentro con Dios, llamó al lugar Bet-el, «casa de Dios», porque reconoció fácilmente que el Señor estaba en ese lugar.[3]

Si vas a convertirte en todo lo que Dios quiere que seas, debes experimentar su visitación. Esos momentos y lugares bendecidos en nuestra jornada son críticos. Cada persona que conozco que está caminando en rectitud y siendo efectivos en su misión ha experimentado momentos de sorpresa divina cuando el Espíritu de Dios trae dirección a su vida. Por lo general, la persona puede llevarte al lugar y explicar en gran detalle el momento en que Dios lo visitó. Jacob ciertamente podría. Sin duda, Eliseo podría haberte llevado al mismo lugar en el campo donde el manto de Elías lo tocó por primera vez o al primer lugar donde vio fuego descender del cielo.

He tenido varios de esos momentos de visita sorpresa en mi vida. A la edad de once años, mi abuelo falleció. Era un líder fuerte en su movimiento eclesiástico y era considerado por muchos como un hombre de Dios fiel y firme. En la funeraria, el día antes de su funeral, nuestra familia estaba saludando a amigos cuando ocurrió un momento de visitación en mi vida. Mientras estaba de pie cerca del ataúd de mi abuelo, uno de sus hermanos estaba lamentándose por su gran pérdida. En tonos de lamento, dijo: «Nadie volverá a predicar como Marion (el nombre de mi abuelo)». A lo que respondí con valentía y con lágrimas en los ojos: «Sí, lo harán». Inmediatamente, el Espíritu Santo descendió sobre mí y comencé a llorar. En algún lugar profundo de mi corazón, supe que desde ese día en adelante predicaría el evangelio.

> *Si vas a convertirte en todo lo que Dios quiere que seas, debes experimentar su visitación.*

Otra visitación me ocurrió a los dieciséis años. Solo un mes después de comprometer mi vida a Cristo, estaba viajando con mi padre por los Estados Unidos. Fue un gran viaje, saliendo de mi estado natal de Kentucky y viajando hacia el oeste por primera vez en mi vida. Ministramos en una reserva india americana, visitamos el Parque Nacional de Yellowstone, vimos las Colinas Negras y condujimos muchas millas.

Durante el viaje, nos comunicamos con varios predicadores y otros amigos. Un día visitamos la iglesia dirigida por uno de los amigos ministros de papá. Antes de partir de su pequeña iglesia en Illinois, tuvimos una reunión de oración. Durante el tiempo de oración, el ministro puso sus manos sobre mi cabeza y oró, proclamando un mensaje sobre mí. Junto con varias otras cosas, dijo: «Irás a todo el mundo y predicarás el evangelio».

Eso fue durante mi primer viaje al oeste del río Misisipi. Nunca había ido en avión y solo había salido del país una vez durante este mismo viaje, cuando visitamos un pueblo fronterizo mexicano. Ahora, casi cincuenta años después, el Señor ha abierto oportunidades para que comparta el evangelio literalmente alrededor del mundo, tanto a través de ministerios personales como de los medios de comunicación masivos. Toda mi vida adulta ha sido dedicada a compartir a Jesús con millones de personas, predicando personalmente en casi cien naciones y ministrando en redes de televisión que alcanzan a cada nación en la Tierra. ¡Eso fue una visitación!

Los cristianos siempre han experimentado momentos de visitación que los impulsaron de camino a su destino:

- Juan Wesley, el padre del metodismo, sintió un extraño calor en una reunión de oración morava.[4]
- Martín Lutero, el gran reformador, tuvo un momento de revelación sobre la justificación por la fe.[5]
- Billy Graham, el famoso evangelista mundial, tuvo una noche de decisión cuando aceptó la Biblia como la palabra final de Dios.[6]
- Oral Roberts, el gran evangelista sanador, experimentó una sanidad sobrenatural de tuberculosis y fue llamado a llevar el poder sanador de Dios a su generación.[7]
- Loren Cunningham, un misionero de la época moderna, experimentó una visitación cuando vio olas de jóvenes inundando los continentes del mundo, después de lo cual fundó la organización Juventud con una Misión.[8]

- Agnes Ozman, una estudiante de escuela bíblica, comenzó a hablar en lenguas después de que otros estudiantes impusieran sus manos sobre ella en una escuela bíblica de Kansas en 1901.[9]
- Evan Roberts, el líder del Avivamiento de Gales, experimentó a Dios de una manera dramática mientras clamaba: «Señor, doblégame».[10]

La lista podría continuar y continuar acerca de aquellos cuyos encuentros con Dios o momentos de visitación los impulsaron por un camino que los llevó a la plenitud y ser efectivos en lo espiritual. Cada persona que conozco que está cambiando el mundo para Cristo ha experimentado un momento (o momentos) de visitación divina.

> *Dios quiere tener un encuentro personal contigo afirmando tu corazón de que estás en el camino correcto o cambiando tu camino para que coincida con su plan.*

La visitación puede llegar a través de un sueño, una visión, una escritura, un mensaje profético, una llamada telefónica de un amigo, una canción especial, una manifestación angelical o una palabra durante un sermón. Una visitación podría ocurrir en un auto con la radio encendida o mientras uno canta en la ducha o está sentado en el campo tranquilo, junto a un río. No siempre podemos elegir cuándo o cómo Dios nos visita, pero debemos estar abiertos a sus sorpresas sobrenaturales.

A medida que te separes completamente para Dios y lo busques con todo tu corazón, las visitaciones tendrán lugar en tu vida. Dios quiere tener un encuentro personal contigo afirmando tu corazón de que estás en el camino correcto o cambiando tu camino para que coincida con su plan.

Sin embargo, para que lleguemos a la plenitud que Dios desea para nosotros, no podemos detenernos con la visitación. El viaje debe continuar. En Bet-el, Elías trató de desanimar a Eliseo una vez más de continuar más allá. Los compañeros de la Escuela de Profetas de Bet-el también trataron de desanimar a Eliseo, quienes le reiteraron que Elías estaba a punto de ser llevado al cielo.

¿Qué debía hacer Eliseo? Pronto perdería su estatus de siervo de un profeta. Quizás, debía volver a casa. Una vez más, Eliseo reveló su corazón y continuó persiguiendo su propósito. No podemos permanecer en nuestros lugares de visitación, o nunca nos convertiremos en lo que Dios tiene en mente para nosotros. Debemos continuar hacia el siguiente lugar de crecimiento espiritual.

Jericó: activación y restauración

Al llegar a Jericó, la cacofonía de voces negativas aumentó en los oídos de Eliseo. Una vez más, cuando los jóvenes de la Escuela de los Profetas le dijeron que su viaje era inútil porque Elías estaba a punto de dejar este mundo, la determinación de Eliseo se mantuvo intacta. Después de ser tocado por el manto del futuro ministerio, Eliseo se negó a retirarse del sinuoso camino de la incertidumbre.

Jericó es un lugar de victoria activada, un lugar de herencia, restauración y reclamación. Esta ciudad fue la primera conquistada por los ancestros de Abraham en Canaán. Fue el lugar donde la promesa de Dios a Abraham se manifestaría como realidad física.

Después de nuestra separación con el Señor y nuestros momentos de visitación sobrenatural, también debemos procurar las promesas de Dios para nosotros. Nos convertimos en herederos, receptores activos de bendiciones divinas que deben ser reclamadas por fe. Jericó no fue tomada por la astucia del ingenio humano, sino por un plan tan absurdo que, al funcionar, solo Dios podría recibir la gloria. Se requeriría de fe para activar la conquista.

Aquellos que se convierten en personas de destino también deben ser personas de fe. Debemos aprender a heredar las promesas de Dios a la manera de Dios. Sus pensamientos no son nuestros pensamientos, y sus caminos no son nuestros caminos, así que debemos cambiar nuestra mentalidad para vivir de una manera que nos posicione para la promesa. La fe en la capacidad de Dios desafía la lógica humana.

Tu Jericó puede ser heredado. La victoria es posible. Dios quiere que avancemos más allá de la separación y la visitación hacia la activación de nuestra fe para su gloria. Queda mucho terreno por conquistar a medida que avanzamos hacia los días venideros, y necesitaremos ayuda sobrenatural para poseerlo. Aquellos que activan su fe ganarán algunas de las mayores victorias para la iglesia de Cristo en la historia.

A menudo encontramos personas en esos tres lugares que iban de camino a convertirse en lo que Dios eligió para ellos, pero nunca llegaron. Muchos se quedan en la separación (Gilgal); en consecuencia, viven vidas buenas, asisten a la iglesia, pagan sus diezmos, renuncian a los pecados pasados y se comprometen con Cristo, pero se estancan. No están abiertos a la obra continua de

Dios. Resisten el poder del Espíritu Santo, no reciben revelación fresca y, por lo tanto, no experimentan una verdadera visitación de Dios.

Otros acampan o permanecen en la visitación (Bet-el). Aquí es donde viven, siempre buscando la próxima palabra profética, el próximo gran servicio de adoración, la próxima maravillosa conferencia o el poderoso predicador. Les encanta lo espectacular, el fuego del cielo, el ángel en la escalera, o incluso los ángeles balanceándose de las lámparas. Toda su vida está consumida por Bet-el. Aunque aman la casa de Dios, nunca hacen la obra de Dios. Estos «habitantes de Bet-el» nunca mueven montañas, nunca reclaman promesas, nunca avanzan en el Reino y nunca alcanzan su destino.

> *Aquellos que se convierten en personas de destino también deben ser personas de fe.*

Algunos otros en el Reino han llegado a Jericó. Han visto a Dios hacer cosas poderosas a través de ellos. No solo han sido testigos de su gloria, sino que también han heredado sus promesas. Estos «tomadores de Jericó» siempre abrazan la Escritura. Las promesas de Dios forman su lista de tareas cristianas. Su fe ha sido activada con obras. Están separados; han oído a Dios; y están enfocados en la expansión del Reino y el crecimiento espiritual.

Eliseo más tarde vio grandes milagros en Jericó, cuando sanó las aguas malditas de esta ciudad desesperada. Sin embargo, la plena realización de su destino profético aún no había llegado.

La mayoría de nosotros no avanzamos hacia nuestra misión plena hasta que pasamos de reclamar promesas y comenzamos a tomar nuestro territorio. La siguiente parte del viaje es una que siempre me desagrada. Mi carne se estremece ante ello, pero esta es la parte más importante del viaje de Eliseo.

Dado que Jericó sería la última ciudad de Elías antes de su regreso a casa, él presionó a Eliseo para que se quedara allí. Una vez más, Eliseo avanzó al siguiente nivel y continuó el viaje, fiel al llamado de Dios para su vida.

El Jordán: mortificación

Elías se alejó de Jericó y se dirigió al cercano río Jordán, con Eliseo no muy detrás. Elías se dirigía tanto a su hogar terrenal como al celestial. Todo lo que sabemos de Elías antes de su ministerio en Israel se resume en este único versículo: «Entonces Elías, el tisbita, que era uno de los habitantes de Galaad, dijo a Acab: "¡Vive Jehová, Dios de Israel, en cuya presencia estoy, que no habrá lluvia ni rocío en estos años, hasta que mi boca lo diga!"» (1 Reyes 17:1). Esto significa que la ciudad natal de Elías habría estado al otro lado del Río Jordán frente a Jericó; por lo tanto, a medida que Elías se dirigía de regreso al Jordán, se dirigía hacia su hogar.

Algo en todos nosotros quiere estar en casa antes de ir a casa. Esta tendencia de regresar a casa para nuestros últimos días ocurre en nuestro mundo diariamente, desde el salmón que regresa a sus aguas nativas hasta el originario de Tennessee que regresa a casa desde el norte después de su jubilación. Más importante aún, el hogar de Elías estaba al otro lado del Río Jordán. Cuando Elías golpeó el río con su manto, fue testigo de su último milagro antes de subir al cielo. Las aguas se separaron, y pudo cruzar en tierra seca.

Este cruce del Jordán fue un momento crítico para el joven Eliseo. Mientras Elías se dirigía hacia su casa, Eliseo se alejaba de su hogar. Eliseo era de Abel Meholá, de la tribu de Isacar, que estaba en el lado oeste del Río Jordán, cerca de Jericó. Eliseo no solo tendría que dejar su pasado atrás, sino que también tendría que salir de su zona de confort en busca de la unción de Dios y su destino. Cruzar el Jordán sería un momento de mortificación, o muerte, para el sirviente del profeta que está a punto de convertirse en profeta.

La palabra hebrea *yar-den* es traducida como «Jordán» y significa «descender».[11] Es un nombre apropiado para el río que desciende 2380 pies desde los afluentes del Monte Hermón hasta el Mar Muerto, el lugar más bajo de la Tierra. Desde el Mar de Galilea hasta el Mar Muerto hay una distancia de alrededor de 65 millas.[12] El río Jordán serpentea a través de ese valle, descendiendo hacia el cuerpo de agua más mortal del planeta. Debido a eso, a lo largo de la historia, el Jordán ha sido asociado con la muerte.

El cruce de este río por los hijos de Israel después de tres días ha sido visto por muchos como una representación tanto de la muerte como de la resurrección de Jesucristo. Juan el Bautista utilizó el río Jordán para su bautismo de arrepentimiento para preparar a Israel para la nueva dimensión del Reino de Dios. Jesús fue bautizado en el río Jordán, en señal de su disposición a someterse al plan del Padre y morir por los pecados de la humanidad.

Eliseo tendría que atravesar esta agua simbólica de muerte en busca del propósito de Dios. Estoy convencido de que nunca avanzaremos hacia nuestro destino hasta que estemos dispuestos a morir para llegar allí. En la mayoría de los casos, la unción más significativa y el ministerio más significativo siguen a temporadas de muerte a nuestro yo. Para que seamos lo que Dios nos ha llamado a ser, y veamos sus propósitos cumplidos en nosotros, se requiere la crucifixión de nuestra voluntad.

Eliseo debió haberse preguntado sobre ese viaje hacia la mortificación de su carne. Al cruzar el Jordán, puede que sintiera que se alejaba de su destino profético. Ni siquiera iba a estar en Israel si Elías seguía viajando hacia el este. Eso representaría una muerte de su camino, una muerte de su deseo y una muerte de su voluntad.

¡ADVERTENCIA! Si deseas la porción incrementada y necesaria para que seas útil para Dios en tu generación, te costará todo. ¡Tendrás que morir!

Cuando he estudiado las vidas de ministros que fueron efectivos en su generación, me ha sorprendido cuántos de ellos pasaron por la devastación y lo que debió haber parecido muerte en el camino hacia su destino.

William Carey es considerado por la mayoría de los historiadores cristianos como uno de los padres del movimiento misionero moderno. Cuando trabajaba como zapatero, Carey sintió el llamado de Dios a la India. Al llegar a ese país, Carey tradujo la Escritura a tantos idiomas indios como pudo y fundó una gran operación de imprenta en Serampore. La carga de su trabajo se hacía cada vez más pesada. Para empeorar las cosas, la esposa de Carey luchaba con problemas de salud mental durante sus primeros años en ese difícil campo misionero en India.

Mientras Carey se encontraba fuera de Serampore el 11 de marzo de 1812, su asociado, William Ward, estaba trabajando tarde en la imprenta cuando olió que algo se quemaba. Corriendo hacia la fuente, descubrió nubes de humo saliendo de la sala de impresión. Él y los trabajadores presentes se apresuraron a salvar la operación de la imprenta, pero llegaron demasiado tarde: todo estaba destruido.

El 12 de marzo, el misionero Josué Marshman entró en un aula en Calcuta, India, donde Carey enseñaba. «No puedo pensar en una manera fácil de darle la noticia», dijo. «La imprenta se quemó hasta los cimientos anoche». Carey estaba atónito. Se habían perdido sus obras: el masivo diccionario poliglota, dos libros de gramática, versiones traducidas de la Biblia, juegos de tipos para catorce idiomas orientales diferentes, mil doscientas resmas de papel, cincuenta y cinco mil hojas impresas y treinta páginas de su diccionario bengalí. Su biblioteca completa fue destruida. «El trabajo de años, perdido en un momento», susurró.

Carey tomó poco tiempo para llorar. «La pérdida es grande», escribió, «pero recorrer un camino por segunda vez generalmente se hace con mayor facilidad y certeza que la primera vez. Así que confío en que el trabajo no perderá nada de su valor real. No estamos desanimados; de hecho, el trabajo ya ha comenzado de nuevo en cada idioma. Estamos abatidos, pero no desesperados».

Cuando la noticia del incendio en Serampore llegó a Inglaterra, país natal de Carey, catapultó el ministerio de Carey a la fama instantánea. Se recaudaron miles de libras británicas para el trabajo, y voluntarios se ofrecieron a ayudar. La empresa fue reconstruida y ampliada. Para 1822, se habían publicado Biblias completas, Nuevos Testamentos o libros separados de las Escrituras desde la imprenta en cuarenta y cuatro idiomas y dialectos. Dios tomó lo que debió haber parecido la muerte de un ministerio y lo usó para llevar la misión a un nivel completamente nuevo y mayor de efectividad. Me encanta lo que Carey dijo sobre su situación: «Hay graves dificultades por todas partes, y más se avecinan. Por lo tanto, debemos avanzar».[13]

El 19 de octubre de 1856 fue un gran día en Londres, Inglaterra. Por primera vez en la historia, se celebraría un servicio cristiano en el hermoso Surrey Music Hall, que tenía capacidad para más de diez mil personas. La congregación de Charles Spurgeon había crecido más de lo permitido para Exeter Hall, donde grandes multitudes acudían a escuchar a ese joven predicador compartir la Palabra de Dios. La congregación de la Capilla New Park Street comenzó a alquilar el Surrey Music Hall para sus servicios. El primer servicio de esa noche de octubre se llenó con más de diez mil personas. La emoción llenaba el aire, hasta que la tragedia golpeó. Justo cuando Spurgeon estaba subiendo al púlpito, alguien gritó: «¡Fuego! ¡Las galerías se están derrumbando, el lugar se está cayendo!».[14]

Aunque la alarma de fuego resultó ser falsa, inmediatamente la multitud entró en pánico. Durante los siguientes minutos, la gente corrió hacia las salidas, aplastando a otros en su camino. En cuestión de momentos, siete personas fueron pisoteadas hasta la muerte y muchas más resultaron gravemente heridas. Spurgeon fue sacado del púlpito y llevado fuera del edificio sin sufrir daño.

En los días subsiguientes, la depresión invadió a Spurgeon. «¿Cómo pudo un momento maravilloso convertirse en tal tragedia?».

Preguntas como estas y muchas otras bombardearon la mente de Spurgeon. Quería renunciar y dejar Londres. Se sentía como si estuviera muriendo por dentro.[15]

Después de varios días, Spurgeon escuchó al Señor hablarle a través de un amigo. A las dos semanas, Spurgeon estaba de vuelta en Surrey Music Hall predicando el evangelio. Durante los próximos tres años hasta 1859, Spurgeon predicó semanalmente en el mismo lugar donde ocurrió la tragedia. Cientos de personas fueron salvadas, y Dios usó su dolor para darle al joven predicador una plataforma aún mayor desde la cual declarar el evangelio. Aunque marcado por este incidente el resto de su vida, Spurgeon predicó ante multitudes desbordantes en Londres.[16]

Nuestra disposición a soportar la muerte de nuestra carne permite que Dios nos lleve a un nuevo lugar de unción y poder en el que Él recibirá toda la gloria. Dios utiliza nuestros momentos de quebrantamiento y dolor para impulsarnos hacia adelante. Tim Hansel, en el libro *You Gotta Keep Dancin'*, nos recuerda este principio:

> *La mayoría de los salmos nacieron de la dificultad. La mayoría de las Epístolas fueron escritas desde prisiones. Bunyan escribió* El progreso del peregrino *desde la cárcel. Florence Nightingale, demasiado enferma para moverse de su cama, reorganizó los hospitales de Inglaterra. Semiparalizado y bajo la constante amenaza de apoplejía, Pasteur fue incansable en su lucha contra enfermedades. A veces parece que cuando Dios está a punto de hacer un uso preeminente de un hombre, lo pasa por el fuego.*[17]

Grandes misioneros como Hudson Taylor, Adoniram Judson y David Livingstone sufrieron pérdidas devastadoras en sus familias mientras servían en el campo misionero. Aun así, cruzaron su Jordán hacia la grandeza para el Reino de Dios. Los principios de este Reino desafían mi capacidad para comprenderlos. Cómo el Dios altísimo y sublime habita en los lugares bajos y humildes simplemente no tiene sentido, pero es verdad. Cuando morimos por su causa, vivimos.

Yo también he experimentado temporadas de «río Jordán» en mi ministerio personal. A principios de la década de los noventa, serví como director de evangelismo y comunicaciones para la Iglesia de Dios de la Profecía durante varios años. Cuando comencé a dirigir esos departamentos, después de servir como director internacional de jóvenes durante once años, la denominación tenía un programa de televisión. En mi primer año en este nuevo rol, las donaciones cayeron en picado y surgió una presión presupuestaria significativa sobre la denominación. Al final de mi año inaugural sirviendo como ministro de televisión y radio para la denominación, el comité ejecutivo de la iglesia decidió no continuar con el programa de televisión. Me sentí como un fracaso.

En realidad, es una subestimación. Sentía como si me estuviera muriendo por dentro. Nunca en mi ministerio anterior había visto que algo que estaba dirigiendo fuera hacia abajo en lugar de hacia arriba. Quizás lo peor de ese primer año de fracaso fue que me nombraron nuevamente para la misma posición en la siguiente conferencia general. No hui ni renuncié, aunque ciertamente quería hacerlo. Estaba avergonzado, derrotado y quebrado. Mis emociones estaban en un punto bajo. Sentía como si el caballo en el que montaba hubiera muerto y, sin embargo, yo seguía en la silla sobre un caballo muerto. No sabía qué hacer ni a quién acudir. Estaba desesperado. Así que entré en un ayuno de veintiún días, pidiendo a Dios dirección y esperando que Él me encontrara otra asignación rápidamente.

En el segundo día del ayuno, el Señor me habló, instruyéndome sobre tres pasos que debía dar, y luego me prometió que si daba esos tres pasos, el ministerio volvería a la televisión. No estaba seguro de que esta fuera la respuesta que quería, pero era la única respuesta que recibí durante esa temporada de búsqueda.

Durante los meses siguientes, Dios cumplió su palabra. Después de presentar mi idea para una nueva dirección en la televisión del movimiento, el mismo grupo ejecutivo que cerró el programa de televisión me permitió relanzarlo, aunque no restauraron los fondos del presupuesto. (El presupuesto se redujo en dos tercios cuando se canceló la televisión y no había dinero para restaurar los fondos perdidos. Sin embargo, me otorgaron una ofrenda mínima única, solo para darme un poco de ánimo). Sin financiamiento denominacional ni grandes donantes, las cosas parecían imposibles. Sin embargo, Él abrió un camino para que lanzáramos *World Impact con Billy Wilson*. Un amigo produjo los programas de forma gratuita, y encontramos oportunidades de emisión que eran gratuitas o a una fracción de los costos.

A los dos años tras su cierre, un nuevo programa de televisión estaba en el aire y prosperando. Incluso emitimos en el Canal Hallmark durante varios años de forma gratuita porque nuestras calificaciones se mantuvieron altas. En última instancia, la denominación no quiso seguir teniendo el ministerio de medios y lo regaló a los demás ministerios que yo dirigía. Ahora, casi treinta años después, *World Impact con Billy Wilson* es un ministerio televisivo de la Universidad Oral Roberts. En el momento de escribir esto, se ve en más de 150 naciones cada semana. El viaje de *World Impact* ha sido nada menos que milagroso, y nació de una temporada de quebrantamiento espiritual y ayuno. Los días de muerte interior que soporté me ayudaron a cruzar a un nuevo lugar de bendición y plenitud. El ayuno es verdaderamente una forma en que nuestra carne puede morir a nuestra propia voluntad y ser quebrantada para que los planes de Dios sean cumplidos.

> *El ayuno es verdaderamente una forma en que nuestra carne puede morir a nuestra propia voluntad y ser quebrantado para que los planes de Dios sean cumplidos.*

El arrepentimiento

En un capítulo anterior, discutimos sobre el arrepentimiento y sus propósitos en el ayuno. El arrepentimiento es parte del proceso de mortificación. Las profundidades del autodescubrimiento, que tienen lugar durante largas temporadas de ayuno, pueden ser aterradoras. Sin embargo, las profundidades del arrepentimiento, a medida que nos humillamos, pueden ser emocionantes si entendemos los caminos de Dios.

Cuando Juan el Bautista se encontraba en el río Jordán predicando el arrepentimiento, estaba llamando a una nación a pasar una vez más por la muerte espiritual. Una nueva «tierra prometida» relacionada a la venida del Mesías estaba justo delante de ellos. Sus días de vagar por el desierto espiritual estaban a punto de terminar. Un nuevo día de destino y efectividad se acercaba. Se les estaba llamando a prepararse: ¡arrepiéntanse, apártense de sus caminos malvados, humíllense y mueran a sus viejas comprensiones! Este fue el mensaje de Juan a la altiva Israel.

La mayor parte de la nación no estaba dispuesta a cruzar el Jordán y preparar sus corazones para recibir a Jesús. Los caminos de Dios no serían los de ellos porque no lograron morir a sus propios deseos y aceptar su llamado. Como no estaban listos, perdieron su destino.

Dios está llamando a la iglesia de hoy en día a arrepentirse. Cada gran movimiento de Dios y cambio dimensional histórico ocurrieron porque el pueblo de Dios cruzó su Jordán generacional en profundo arrepentimiento y quebrantamiento. Nuestra humildad y disposición de morir a uno mismo abren la puerta para que Dios obre entre nosotros, y nos lance a una nueva dimensión de doble porción.

Como en los días de Eliseo, cuando la oscuridad cubre a una generación y las Jezabeles modernas gobiernan la Tierra (o la iglesia), necesitamos un poder incrementado para romper el yugo y liberar al pueblo. La efectividad que convierte a los labradores en profetas y a los hijos espirituales en padres espirituales solo viene cuando abrazamos la humildad, el quebrantamiento y la contrición. Siempre debemos cruzar nuestro Jordán personal para encontrar nuevo poder.

A principios de 1905, Frank Bartleman, un historiador testigo del avivamiento de la calle Azusa, escribió: «Recibí de Dios la siguiente clave para el avivamiento: la profundidad de un avivamiento será determinada exactamente por la profundidad del espíritu de arrepentimiento». Bartleman también sintió que un cuerpo debe estar preparado en arrepentimiento y humildad

> *Nuestra humildad y disposición de morir a uno mismo abren la puerta para que Dios obre entre nosotros, y nos lance a una nueva dimensión de doble porción.*

para cada derramamiento del Espíritu.[18] Estoy de acuerdo y creo que individualmente también debemos prepararnos para ver el propósito de Dios en nuestras vidas con extrema humildad y quebrantamiento.

Un domingo, al principio de mi caminar cristiano, mi pastor estaba predicando con lágrimas en los ojos. Rara vez, si es que alguna vez, había visto llorar a este pastor. Siempre mantenía el control y una gran compostura; pero, en ese domingo, su quebrantamiento era obvio. El Espíritu de Dios y su amor fluían a través de él durante su sermón para bendecir a la congregación. Cerca de la conclusión esa mañana, declaró: «Sé que estoy llorando mucho hoy, pero ayuné durante tres días esta semana, y Dios me ha quebrantado. Deberían intentarlo».

Cuando ayunamos, mortificamos nuestra carne y la llevamos bajo la disciplina de Dios. Literalmente experimentamos un quebrantamiento de nuestros deseos carnales mientras ayunamos y buscamos al Señor. Este quebrantamiento en nuestro exterior permite que el tesoro que Dios ha colocado dentro de nosotros salga a la superficie para bendecir a otros. Nuestro yo exterior es como un velo que oculta nuestro yo interior. Cuando ayunamos con la intención correcta, nuestro hombre exterior se debilita y se quiebra, permitiendo que nuestro hombre interior gane ascendencia.

> *Cuando ayunamos, mortificamos nuestra carne y la llevamos bajo la disciplina de Dios.*

Cuando Jesús murió en la cruz, el velo del Templo fue rasgado de arriba a abajo. El camino hacia el Lugar Santísimo fue abierto para todos nosotros. Sin embargo, ese velo solo simbolizaba el verdadero velo que era rasgado en la cruz: «Así que, hermanos, tenemos libertad para entrar en el Lugar santísimo por la sangre de Jesucristo, por el camino nuevo y vivo que él nos abrió a través del velo, esto es, de su carne» (Hebreos 10:19-20).

De este pasaje, aprendemos que el cuerpo de Jesús era el verdadero velo que separaba a Dios de la humanidad, ocultando la gloria de Dios dentro de Cristo. En la cruz, el cuerpo quebrantado de Cristo abrió el camino para que pudiéramos encontrarnos personalmente con Dios. El cuerpo de Cristo fue rasgado porque Dios quería tener compañerismo con nosotros.

Cuando ayunamos, el velo de nuestra carne se debilita, se rompe y se rasga para que Dios pueda encontrarse con nosotros más fácilmente. En el ayuno, nos abrimos a Dios de una manera íntima, diciendo: «Señor, te quiero más que a mi alimento necesario, y estoy dispuesto a ser quebrantado para recibir más de tu gracia».

Por favor, entiende que no creo que el ayuno nos otorgue un mérito especial ante Dios o que el ayuno pueda limpiar nuestros pecados. Solo la muerte sin pecado de Jesús en la cruz podría lograr eso. Los pecadores que se abstienen de comer pero no logran tornar su corazón a Dios y confiar en el Cristo crucificado para su perdón simplemente se convierten en pecadores más delgados. El ayuno expresa un corazón desesperado y nos prepara para avanzar a un nuevo nivel de intimidad con nuestro Padre celestial.

> *Cuando ayunamos, el velo de nuestra carne se debilita, se rompe y se rasga para que Dios pueda encontrarse con nosotros más fácilmente.*

Realización

Cuando Eliseo cruzó el Jordán con Elías, el andante profeta finalmente se comunicó con su discípulo sobre su deseo:

- ¿Por qué había seguido a Elías en este reflexivo recorrido bíblico turístico?
- ¿Por qué estaba dispuesto a cruzar el Jordán y salir de su zona de confort?
- ¿Por qué no había renunciado, regresado a su casa o rehusado rendirse?
- ¿Qué quería Eliseo?

«En cuanto pasaron, Elías dijo a Eliseo: —Pide lo que quieras que haga por ti, antes que yo sea arrebatado de tu lado. Eliseo dijo: —Te ruego que me dejes una doble porción de tu espíritu» (2 Reyes 2:9).

La solicitud de Eliseo fue sorprendente. Elías sabía que Eliseo iba a ser el próximo profeta de Israel; por eso lo llamó. Pero este joven no solo quería ser profeta, quería ser dos veces el profeta que era Elías. Obviamente, Eliseo sabía que la gracia en la vida de Elías hasta ese momento no había podido derrotar los grandes poderes de oscuridad en Israel. Necesitaría ser más efectivo de lo que había sido Elías y tener más poder del que poseía Elías. Su solicitud era recibir una doble porción del espíritu de Elías.

Con esa petición, Eliseo también procuraba ser reconocido como el hijo espiritual de Elías. En el antiguo Oriente, el primer hijo recibía el doble de la herencia que los otros hijos. Eliseo, como hijo espiritual a su padre espiritual, quería que lo legitimara concediéndole una doble porción.

«Elías respondió diciendo: —Cosa difícil has pedido— le respondió Elías—. Si me ves cuando sea separado de ti, te será concedido; pero si no, no» (2 Reyes 2:10).

O como lo parafrasea Eugene H. Peterson en la Biblia *El Mensaje*: «—¡Cosa difícil has pedido!— respondió Elías—. Mira, si estás vigilando cuando me alejen de ti, tendrás lo que has pedido. Solo si estás atento» (MSJ).

Elías prometió a Eliseo que, si no se rendía, su petición de una doble porción sería concedida. Si perseveraba hasta el final, pasaría de ser un sirviente a ser un transformador del mundo. El corazón de Eliseo debió haber saltado varias veces. Su energía aumentó; su determinación se intensificó; sus ojos permanecieron fijos en su padre espiritual. ¡Estaba listo!

De repente sucedió: las transiciones espirituales siempre nos sorprenden, incluso cuando las esperamos. Un carro de fuego guiado por caballos de fuego se precipitó desde el cielo con una rapidez arrebatadora. El transporte hacia la eternidad separó al padre profético de su hijo espiritual. En un instante, Elías había desaparecido y Eliseo se quedó atrás.

La escena humeante del ministerio se interrumpió cuando Eliseo descubrió que, mientras Elías se apresuraba hacia la gloria eterna, su manto había quedado atrás. La herencia había sido concedida. Ese manto del llamado, que Elías había arrojado sobre Eliseo años antes, sería ahora el uniforme de identificación del hijo espiritual, su declaración oficial de adopción espiritual ante todo Israel. El nuevo hombre de Dios caminó lentamente de regreso al río caudaloso. La prenda gastada de responsabilidad profética fue llamada nuevamente a la acción: golpeó el río, invocando el poder de Dios. Los otros discípulos observaron cómo el sirviente que no se rendía pasaba de la mortificación a la realización. Dios partió el río y Eliseo entró en su destino.

¿Recuerdas el relato de mi viaje a África occidental que compartí al principio de este capítulo? El viaje de regreso al aeropuerto durante las horas de luz fue increíblemente fácil. Viajamos por un camino que podía ver. Mi anfitrión, el amigo soldado y yo reímos y compartimos experiencias todo el camino hasta la ciudad. Alabé al Señor por los nuevos hermanos que cuidaron tan bien de mí. Mis miedos eran infundados, y el viaje a través de la niebla valió la pena.

Al igual que ese viaje a África occidental, con todas sus pruebas, miedos e incertidumbres, valió la pena el viaje de Eliseo desde la separación, la visitación, la activación y la mortificación. La cosecha ante él valía el dolor que dejó atrás. Estaba contento de no haberse rendido, contento de no haber regresado a su casa, contento de haberse negado a desanimarse, contento de haber salido de su zona de confort, contento de haber cruzado el Jordán y contento de finalmente haber entrado en su destino de doble porción.

Tú también estarás contento.

Capítulo 7: **Preguntas para la reflexión**

1. ¿Crees que Dios puede usarte a pesar del pecado pasado? ¿Cómo te estará llamando Dios a avanzar y a estar separado para el Señor?

2. De las numerosas personas en la Biblia que Dios usó a pesar de su pasado, ¿con quién te identificas más y por qué?

3. ¿Alguna vez has experimentado una visita sobrenatural del Señor? ¿Qué papel juega el ayuno en esos encuentros?

4. ¿Dónde te encuentras ahora espiritualmente: separación, visitación, activación o mortificación? ¿Cómo puedes entregar este tiempo a Dios y avanzar hacia el cumplimiento de sus planes para tu vida?

5. ¿Alguna vez has experimentado una temporada de muerte espiritual en tu vida y/o ministerio? ¿Qué sucedió y cómo lograste superarlo?

A medida que hombres y mujeres comienzan a consider los días y tiempos por los que estamos pasando con una nueva seriedad, y a medida que muchos comienzan a buscar avivamiento y reactivación, la cuestión del ayuno se ha vuelto cada vez más importante.[1]

D. Martin Lloyd-Jones

Cuando llegó el día de Pentecostés estaban todos unánimes juntos. De repente vino del cielo un estruendo como de un viento recio que soplaba, el cual llenó toda la casa donde estaban; y se les aparecieron lenguas repartidas, como de fuego, asentándose sobre cada uno de ellos. Todos fueron llenos del Espíritu Santo y comenzaron a hablar en otras lenguas, según el Espíritu les daba que hablaran.

Hechos 2:1–4

Josafat tuvo miedo y humilló su rostro para consultar a Jehová, e hizo pregonar ayuno a todo Judá. Se congregaron los de Judá para pedir socorro a Jehová; y también de todas las ciudades de Judá vinieron a pedir ayuda a Jehová.

2 Crónicas 20:3–4

Al día siguiente, mientras ellos iban por el camino y se acercaban a la ciudad, Pedro subió a la azotea para orar, cerca de la hora sexta. Sintió mucha hambre y quiso comer; pero mientras le preparaban algo le sobrevino un éxtasis.

Hechos 10:9–10

Ayuno para avanzar:
cómo experimentar el poder del ayuno

El aeropuerto internacional Hartsfield de Atlanta es un lugar asombroso. Cubriendo más de 4700 acres de tierra, con su terminal de pasajeros ocupando la impresionante cifra de 5,7 millones de pies cuadrados, Hartsfield es el mayor empleador en Georgia. Con más de sesenta y tres mil empleados, el impacto económico total del aeropuerto en la región supera los sesenta y cuatro mil millones de dólares al año.[2]

Considerado como el aeropuerto más concurrido del mundo, el volumen de tráfico de personas en Hartsfield es extraordinario, con más de ocho millones de pasajeros llegando y saliendo cada mes en más de ochenta mil vuelos.[3] Los grandes espacios, la gran cantidad de dinero, los grandes aviones, las grandes instalaciones y especialmente los grandes números de personas podrían potencialmente crear un gran dolor de cabeza. Las estaciones de pasajeros de Hartsfield están distribuidas en varios edificios diferentes, cada una identificada con una letra del alfabeto. Llegar desde la estación F, o estación internacional, hasta la estación T, o estación de terminales, supone recorrer una distancia de casi dos millas.[4] ¿Qué pasaría si todos caminaran o corrieran de estación a estación, apresurándose para hacer sus conexiones? ¡Unos millones de pasajeros que pierdan sus vuelos cada mes realmente sería un dolor de cabeza!

En cambio, los pasajeros se mueven entre las estaciones a través de pasillos subterráneos, aceras móviles y, lo más importante, el Plane Train, que es el transporte automatizado para los viajeros que conecta los edificios de estaciones con la terminal principal.

Este sistema de tránsito rápido consta de once trenes de cuatro vagones que operan en un circuito de tres millas y transporta a más de doscientos mil pasajeros al día.[5]

Dado que he pasado mucho tiempo en el aeropuerto de Atlanta a lo largo de los años, mis experiencias con el Plane Train han sido numerosas. Una y otra vez, me he sentido aliviado al escuchar el *shshsh* o susurro del elegante tren rojo, que rápidamente me lleva a mi próxima estación. También he disfrutado al sentarme en el asiento grisáceo alfombrado con mi pesada maleta de mano después de un largo viaje internacional. Siempre estoy especialmente complacido con ese transporte cuando considero las otras opciones de transporte disponibles, ¡que en todos los casos incluyen usar mis pies!

El pasillo subterráneo y la acera móvil subterránea requieren más esfuerzo del pasajero que el rápido servicio del tren, y a un ritmo mucho más lento. Incluso cuando he caminado a toda velocidad en la acera móvil, el Plane Train me ha superado en mi conexión a la siguiente parada. Simplemente es una forma más eficiente de viajar. Miles de personas utilizan el Plane Train, lo que permite a Atlanta manejar un volumen excepcional de más de doscientos mil pasajeros diarios.

Experimentar el "transportador automatizado de la gente de Dios"

Cuando Jesús dejó el mundo, envió a su iglesia, compuesta por 120 seguidores, en un viaje global de dos milenios con el evangelio. Antes de su primera conexión, Jesús les ordenó que fueran a la «estación» de Jerusalén para su introducción al «transportador automatizado de la gente de Dios». Este sistema de transporte sobrenatural y avanzado llevaría a la iglesia hacia sus destinos asignados. Su espera de diez días por este «Tren del Espíritu» debió parecer larga, considerando la condición del mundo y las grandes noticias que llevaban. ¿No sería más rápido esforzarse en la «pasarela de las obras» o en la «cinta transportadora del esfuerzo humano»? No obstante, la iglesia esperó a que llegara su tren.

Un *shshsh* o «susurro celestial» llenó el Aposento Alto, anunciando la llegada del «Tren del Espíritu». En el Día de Pentecostés, el «transporte acelerado de Dios» llegó a la estación de la iglesia, y los discípulos fueron rápidamente trasladados de su estación de espera a la Estación C, o Estación de la Cosecha. En un día, fueron convertidas a Cristo tres mil personas más que las que se habían convertido en todos los días desde la resurrección. La iglesia de Dios estaba en movimiento. Habían entrado en el modo de transporte acelerado de Dios; o más precisamente, el Tren del Espíritu había entrado dentro de ellos.

El Espíritu Santo es el transporte acelerado de

> *El Espíritu Santo es el transporte acelerado de Dios para los últimos días. Él es el medio designado del cielo para llevar la iglesia a un mundo herido.*

Dios para los últimos días. Él es el medio designado del cielo para llevar la iglesia a un mundo herido. A lo largo de los Hechos de los Apóstoles, lo vemos en acción: primero en Jerusalén, luego en Judea y Samaria, y finalmente en las partes distantes de la

Tierra. No solo se movió la iglesia geográficamente, sino también antropológicamente hacia diferentes grupos de personas.

El pueblo judío recibió el mensaje primero, y luego el Espíritu Santo extendió el evangelio hasta los samaritanos, los discípulos de Juan el Bautista, los perseguidores de la fe y los gentiles de Asia, Europa y África. En veinticinco años, la iglesia había conmocionado al mundo con el mensaje de la cruz.

Así como la levadura, la pequeña influencia inicial de la iglesia creció rápidamente, llenando todo el Imperio Romano. Viajar por esa amplia y diversa extensión habría sido imposible con la mera fuerza humana. Esos creyentes pioneros tenían que subirse al Tren del Espíritu de Dios para conectarse plenamente con su generación.

Hoy, el Espíritu Santo —el transportador automatizado de la gente de Dios— es más importante para nosotros que nunca. Nos enfrentamos a un mundo que necesita desesperadamente las buenas nuevas que llevamos. Pero sin ayuda sobrenatural, nunca alcanzaremos nuestro destino de evangelización global.[6] Las estadísticas que enfrentamos son asombrosas. Tómate un momento para considerar lo siguiente:

- La población mundial ahora supera los ocho mil millones. Este número aumenta en 150 personas cada minuto.[7]
- En un día promedio, mueren más de 150 000 personas.[8]
- Aproximadamente el 32 por ciento de la población mundial se identifica como cristiana.[9]
- Muy optimistamente, podríamos esperar que un tercio de las personas que mueren sean salvas.

• ¡Esto significa que más de treinta y cinco millones de personas (y estoy hablando conservadoramente) se sumergirán en una eternidad sin Cristo este año! No es de extrañar que Isaías diga: «Por eso ensanchó su interior el Seol y sin medida extendió su boca» (5:14).[10]

En los Estados Unidos, la población que no asiste a la iglesia y que no ha sido alcanzada para Cristo continúa superando la efectividad evangelística de la iglesia. Eso nos debería ayudar a ver que la iglesia de hoy en día necesita encontrar mejores maneras de avanzar la causa de Cristo en nuestra generación. Necesitamos una forma eficiente y efectiva de alcanzar nuestro destino y superar el crecimiento poblacional del mundo. Necesitamos el transportador automatizado de la gente de Dios. Durante la última parte del siglo veinte y en el siglo veintiuno, el mundo ha sido testigo de un crecimiento excepcional de un cristianismo empoderado por el Espíritu. En 1900, menos de un millón de personas en todo el mundo se identificaban como pentecostales o carismáticos. Para 2050, ese número superará mil millones o más.[11]

De solo un puñado de creyentes «prendidos en fuego» a principios del siglo pasado, en el mayor avivamiento de la historia, fue dispersado el mensaje del bautismo en el Espíritu alrededor del mundo. El poderoso movimiento global que fue energizado por este mensaje ahora cuenta con casi 650 millones.[12] Eso significa que más de medio billón de creyentes son testigos del mayor impulso del evangelio en la historia.

En muchos lugares del mundo, los creyentes están experimentando derramamientos del Espíritu Santo, y Dios adelanta a su iglesia hacia una cosecha abundante. Sin embargo, en muchos otros lugares, la iglesia se ha estancado y ha quedado atrás en los últimos años. Se escuchan historias de grandes cosechas de alrededor del mundo, sin embargo, más de treinta y cinco millones de personas todavía están de camino al infierno en este año. Eso significa que un grupo igual a la población de cuatro ciudades de Nueva York se sumergirá en la oscuridad eterna y el tormento en los próximos 365 días. Si tan solo

> *El Espíritu Santo está listo para hacer su obra por medio de la iglesia en maneras frescas y formidables, para producir una cosecha mundial y avanzar en el Reino de Dios.*

pudiéramos escuchar sus gritos, ver sus rostros y sentir algunos de sus sufrimientos, seguramente encontraríamos la manera de marcar una diferencia en mayor medida.

El Espíritu Santo está listo para hacer su obra por medio de la iglesia en maneras renovadas y formidables, para producir una cosecha mundial y avanzar el Reino de Dios. Él necesita una iglesia que confíe en Él y le permita avanzar. Personalmente, creo que hay una dimensión de actividad del Espíritu a la que aún no hemos accedido, donde la iglesia será impulsada a cambiar el mundo una vez más por Cristo.

Experimentar la aceleración sobrenatural

Habiendo trabajado en el evangelismo durante muchos años, he estudiado Hechos 8 numerosas veces porque ofrece un relato del único hombre en el Nuevo Testamento que fue calificado específicamente como evangelista: Felipe. Dios cambió el ministerio de Felipe de servir las mesas en Jerusalén a evangelismo efectivo entre nuevos grupos de personas de otras etnias. Debido a la persecución, la iglesia fue dispersada y Felipe se encontró en Samaria. Según la Escritura, Felipe estaba lleno del Espíritu Santo (Hechos 6:3, 5). El vehículo de Dios para alcanzar al mundo movió a Felipe para que predicara a Cristo en esta ciudad fuera de Judea. Mientras ministraba, Dios sanó a las personas, expulsó demonios, realizó milagros y, más tarde, bautizó a muchos con el Espíritu.

El Espíritu Santo luego dirigió a Felipe de su éxito en Samaria al desierto donde, una vez más, el transportador automatizado de la gente de Dios lo llevó a testificar a un hombre de África. Desde la evangelización masiva hasta la evangelización personal, el Espíritu Santo movía a Felipe hacia adelante.

Después del bautismo en agua del recién convertido etíope, el Espíritu dirigió el ministerio de Felipe sobrenaturalmente de nuevo: «Cuando subieron del agua, el Espíritu del Señor arrebató a Felipe y el eunuco no lo vio más; y siguió gozoso su camino» (8:39).

El término «arrebató a Felipe» se traduce en otras versiones como «se llevó a Felipe». La palabra griega de la cual se traduce esta frase, *harpazo,* significa «atrapar» y es la misma palabra utilizada para el rapto de los santos vivos en 1 Tesalonicenses 4:17, donde Pablo dijo: «seremos arrebatados». El verbo transmite la idea de una fuerza ejercida de repente.[13]

La Palabra de Dios enseña que Felipe fue arrebatado, llevado o súbitamente tomado del desierto de Gaza por el Espíritu Santo.

El versículo siguiente dice que Felipe fue encontrado en Azoto (Hechos 8:40). Azoto quedaba a unas veinte millas de la carretera en el desierto donde el etíope se convirtió a Cristo. El transportador automatizado de la gente de Dios, el Espíritu Santo, llevó a Felipe a su próximo destino ministerial en Azoto de manera sobrenatural, de una forma más eficiente de lo que sería posible a través del esfuerzo humano.

> *Cuando estamos desesperados por la ayuda de Dios, podemos expresar nuestra hambre de Él de una manera tangible a través del ayuno.*

El transporte sobrenatural de Felipe por el Espíritu Santo fue un caso inusual del poder de Dios en evidencia, y del hombre de Dios moviéndose en obediencia. Obviamente, Dios no siempre llevará a cabo su obra a través del arrebatamiento del Espíritu Santo y nuestro transporte alrededor del mundo, como lo hizo con Felipe. Aun así, viendo el poder del Espíritu en el ministerio de Felipe, debería revelarnos el deseo de Dios de acelerar nuestra fructificación en Cristo de manera sobrenatural.

En muchos casos, estamos tan involucrados en nuestros planes, programas e iniciativas personales que fallamos en reconocer nuestra dependencia de Él.[14] El ayuno confiesa físicamente nuestra incapacidad para dar fruto espiritual a través de meros medios humanos. Cuando estamos desesperados por la ayuda de Dios, podemos expresar nuestra hambre de Él de una manera tangible a través del ayuno. El ayuno nos ayuda a dirigir el vacío de nuestros corazones hacia el cielo.

Experimentar una nueva dimensión

El Tren de Aviones o transportador automatizado de personas del Aeropuerto Internacional Hartsfield hace un susurro, pues el aire llena un vacío. A medida que el tren avanza por el túnel, el aire se comprime al frente del tren y luego se descomprime rápidamente por detrás, llenando el espacio vacío. De esa manera, el aire emite un susurro cuando llena un vacío creado por el desplazamiento. Del mismo modo, el ayuno nos ayuda a desplazar nuestras iniciativas, deseos y planes para hacer espacio para la voluntad de Dios. El Espíritu Santo acude a nuestra desesperación y vacío como el aire que llena un vacío. Lo que no podemos hacer con nuestras propias fuerzas, Jesús lo hace con las suyas.

El Espíritu Santo susurra cuando nos mueve hacia una fructificación sobrenatural y nos impulsa hacia adelante. La energía humana y sus acompañadas frustraciones se intercambian por el poder celestial y su acompañada delicia. Este intercambio es la razón por la que ayunamos. Necesitamos la fuerza de Dios más que la nuestra.

Esa es la razón por la que Josafat, rey de Judá, convocó un ayuno. Josafat condujo a su nación a una renovación espiritual. Derribó lugares de adoración pagana, el pueblo regresó a Jehová y la justicia fue restaurada. En medio de ese avivamiento, los enemigos de Judá vinieron contra ellos con gran fuerza. Los moabitas y amonitas unieron sus ejércitos para marchar hacia la tierra de Judá desde cerca del Mar Muerto. Ese ejército invasor era muy fuerte. Las fuerzas de Judá eran débiles en comparación. Las probabilidades en contra de Josafat eran enormes, y sin aliados a quienes recurrir por ayuda, la derrota parecía inminente. Josafat tuvo miedo, y en desesperación convocó un ayuno:

«Josafat tuvo miedo y humilló su rostro para consultar a Jehová, e hizo pregonar ayuno a todo Judá. Se congregaron los de Judá para pedir socorro a Jehová; y también de todas las ciudades de Judá vinieron a pedir ayuda a Jehová» (2 Crónicas 20:3-4).

Josafat se dio cuenta de que Judá necesitaba algo más allá de la capacidad e iniciativa humana para derrotar a la multitud moabita y amonita. Todo el pueblo de Dios apartó sus platos, pospusieron sus planes y se dirigieron a Jerusalén para unirse a la desesperada oración de dependencia de Josafat. El rey pasó de su trono al templo y de la autoridad humana a la divina, pidiendo humildemente a Dios por su ayuda. Josafat concluyó su oración diciendo: «¡Dios nuestro!, ¿no los juzgarás tú? Pues nosotros no tenemos fuerza con que enfrentar a la multitud tan grande que viene contra nosotros; no sabemos qué hacer, y a ti volvemos nuestros ojos» (v. 12).

La escena fue conmovedora, ya que todo Judá, incluyendo las esposas y los hijos, se reunió en la abarrotada Jerusalén para orar con el rey. Con las cabezas inclinadas y los estómagos rugiendo, toda la nación suplicó por la asistencia sobrenatural. Dios escuchó su clamor y envió a su Espíritu entre ellos. (Puede que incluso oyeran un susurro). El Espíritu vino sobre un levita llamado Jahaziel, quien profetizó el mensaje de Dios al pueblo. El Señor comenzó el mensaje a través de Jahaziel diciendo: «Escuchen, habitantes de Judá y de Jerusalén, y escuche también usted, rey Josafat. Así dice el Señor: "No tengan miedo ni se acobarden cuando vean ese gran ejército, porque la batalla no es de ustedes, sino mía"» (v.15 NVI).

Después de revelar a Judá dónde se podía encontrar su enemigo, el Espíritu continuó hablando a través de Jahaziel: «No necesitaréis pelear en esta batalla. Poneos en posición, estad quietos y ved la salvación del Señor, que está con vosotros, oh Judá y Jerusalén». Jahaziel continuó: «No temáis ni desmayéis; salid mañana contra ellos, porque Jehová estará con vosotros» (v. 17).

Instantáneamente, Josafat y el pueblo cayeron sobre sus rostros ante el Señor. Toda la nación yació postrada por el poder de Dios, expresando su gratitud por su visita. Los estómagos seguían gruñendo, pero a nadie parecía importarle; el Espíritu de Dios estaba obrando entre ellos. A la mañana siguiente, Josafat animó a Judá a creer en los profetas de Dios y en la palabra que les había dado.

«Después de consultar con el pueblo, puso a algunos que, vestidos de ornamentos sagrados, cantaran y alabaran a Jehová mientras salía la gente armada, y que dijeran: "Glorificad a Jehová, porque su misericordia es para siempre"» (v. 21). Cuando el pueblo marchó de Jerusalén hacia el ejército invasor, comenzaron a cantar y alabar al Señor. El Espíritu Santo los estaba moviendo a una nueva dimensión de la guerra, más allá de su capacidad humana. Mientras Judá adoraba, el Señor envió una emboscada sobrenatural contra sus enemigos. En última instancia, los moabitas, amonitas y habitantes del monte Seir se destruyeron unos a otros sin que el ejército de Judá levantara jamás sus espadas.

Al igual que Judá, la iglesia actual enfrenta enormes desafíos. Se nos ha hecho un llamado a alcanzar a nuestra generación, pero a la vez, la situación existente dentro de muchas iglesias y las fuerzas del mal nos dejan en necesidad de asistencia sobrenatural. La iniciativa humana no nos llevará al lugar al que Dios quiere que vayamos. Necesitamos más que las vías y autopistas de grandes ideas: ¡necesitamos una nueva dimensión!

Josafat pasó a una nueva dimensión de guerra a través de la oración y el ayuno. El poder de Dios logró para Judá una victoria más rápida de lo que cualquiera podría haber imaginado. El pueblo disfrutó de un avance acelerado porque se detuvo a buscar a Dios.

Experimentar el avance acelerado

La iglesia siempre ha acelerado su avance cuando ha escuchado el mensaje del cielo y ha obedecido. Un momento de obediencia a la directriz de Dios permite que el pueblo de Dios avance más que millones de acciones de otro modo. Vemos un ejemplo de ello cuando Dios habla a un apóstol sólido como una roca en Jope, y la iglesia avanza de manera dramática.

> *Un momento de obediencia a la directriz de Dios permite que el pueblo de Dios avance más que millones de acciones de otro modo.*

Pedro escuchó a Dios mientras oraba en privado a mediodía en la azotea de Simón, el curtidor. Pedro estaba en un ayuno temporal y forzado, esperando el almuerzo. El olor de la operación de curtido de animales de Simón y el olor de la comida en la estufa llenaron los sentidos de Pedro con un aroma único y agridulce. Mientras oraba bajo el sol mediterráneo, el predicador hambriento cayó en un trance. ¿Fue el resultado de demasiado sol, demasiadas horas sin comida y agotamiento, o del Espíritu Santo? Cualquiera que fuera la causa del estado de Pedro, vio una visión que cambiaría no solo su vida, sino la historia de la iglesia para siempre.

Una gran sábana, como un gigantesco mantel de picnic, descendió del cielo conteniendo varias especies diferentes de animales. Este menú viviente contenía animales que estaban restringidos por la ley dietética judía. El mandato de Dios a Pedro para que se levantara, matara y comiera (Hechos 10:13) debió ser un gran escándalo para sus creencias judías. Dios le habló de nuevo: «Lo que Dios limpió, no lo llames tú común» (v. 15).

La lección visual se reiteró tres veces, y luego el lienzo fue recibido de nuevo en el cielo. Pedro reflexionó: *¿Qué podría significar esta visión? ¿Qué estaba diciendo Dios? ¿Qué debo hacer ahora? ¿Qué hay del almuerzo? No importa.*

Mientras el Espíritu Santo tenía la atención de Pedro, le dijo al antiguo pescador que tres hombres lo estaban buscando, y que debía ir con ellos sin dudar. Simultáneamente, tres hombres de la casa de un centurión llamado Cornelio llamaron a la puerta. Pedro bajó a encontrarse con ellos y, después de haber pasado la noche en Jope, se unió a los hombres en su viaje de regreso a Cesarea. Cornelio y su familia gentil lo estaban esperando.

Pedro entró a la casa, predicó el evangelio y fue testigo del derramamiento del Espíritu Santo sobre estos nuevos creyentes. ¡Gentiles incircuncisos habían recibido el evangelio y el Espíritu Santo! El transportador del pueblo de Dios sacó a Pedro totalmente de su zona de confort y unió a los gentiles con la iglesia... todo en un solo viaje. Ese viaje guiado por el Espíritu desde Jope condujo al pueblo de Dios hacia un umbral completamente nuevo de efectividad.

Los saltos cuánticos de avance en el Espíritu nacen en momentos de quietud, y generalmente debemos desacelerar para avanzar.

> *Los saltos cuánticos de avance en el Espíritu nacen en momentos de quietud, y generalmente debemos desacelerar para avanzar.*

Durante su ayuno forzado y la reunión de oración al mediodía, Pedro escuchó la voz de Dios, lo que marcó toda la diferencia.

Cuando escuchamos la voz del Espíritu y le obedecemos, nos alejamos del difícil camino de la ingeniosidad humana, que requiere un gran esfuerzo, y nos subimos a un tren de alta velocidad de poder sobrenatural, que requiere gran fe. Desacelerar, apartar tu plato, abrir tus oídos espirituales y responder al Espíritu en una nueva dimensión de obediencia puede ser aterrador. Caminar se siente más seguro que viajar en tren de alta velocidad. Sin embargo, esa sensación de seguridad y control puede impedir que alcancemos la mayor cosecha en la historia del mundo.

La entrada al sistema de transporte rápido de los últimos días de Dios sigue abierta. Al igual que el ejército cantante de Josafat y el banquete tentador de Pedro, pronto se revelarán nuevos métodos de victoria y nuevas visiones que romperán sistemas. El ayuno te ayudará a desacelerar para escuchar la voz de Dios, y a experimentar un salto cuántico hacia adelante.

Espero que ya te hayas dado cuenta de que nunca harás las conexiones para tus últimos días simplemente ejerciendo un esfuerzo humano adicional.

Así que, sal del pasillo al transportador de las buenas ideas, deja a un lado el equipaje de mano de la tradición pasada, sal del corredor de las iniciativas inspiradas por el hombre, pasa por la puerta de la desesperación expresada y súbete al transportador automatizado de la gente de Dios. El Espíritu Santo está listo para que vayamos a *ayunar para avanzar*. ¡Creo que oigo un susurro!

Capítulo 8: Preguntas para la reflexión

1. ¿Aluna vez has experimentado una aceleración sobrenatural al desacelerar en busca de Dios?

2. ¿Por qué es importante ayunar durante una batalla espiritual?

3. ¿Estás actualmente en un momento en el que necesitas confiar más en la fuerza de Dios? ¿Quizás te está llamando a ayunar durante este tiempo?

4. ¿Cómo podrías abordar tu próximo ayuno de manera diferente a los ayunos anteriores?

5. ¿Ves a Dios obrar en tu vida? Sea la respuesta *sí* o *no*, ¡puede ser un buen momento para ayunar!

Durante años, los científicos pensaron que nunca podría lograrse, pero el 14 de octubre de 1947, Chuck Yeager lo logró. Desafió la comprensión científica anterior y voló más rápido que la velocidad del sonido en el avión cohete Bell X-1.[1] El estruendo sónico confirmó que se había producido un avance.

En pruebas de vuelo anteriores cercanas a la velocidad del sonido, los aviones fueron sacudidos violentamente o incluso destruidos. Varios pilotos perdieron la vida. La mayoría de los que participaron en los vuelos anteriores no estaban preparados para las ondas de choque que acompañarían el estrés de las velocidades supersónicas. Debido a esto, los científicos creían que existía una barrera sónica, que impedía que el hombre volara más rápido que la velocidad del sonido. Parecía que todos tendríamos que conformarnos con volar a velocidades subsónicas. Hasta el avance de Yeager.

El equipo de Yeager y otros aprendieron una lección monumental. Cuando te acercas a un avance significativo, el estrés y la presión aumentarán enormemente. Sin embargo, a medida que se rompe el récord, las viejas estructuras colapsan, se establece un nuevo pensamiento y aflora el potencial latente.

Vivir una vida de ayuno y oración puede parecerte imposible. Cada vez que te acercas a un avance espiritual, las cosas parecen desmoronarse. Los obstáculos ante ti son invisibles, pero son reales. Confía en mí, o mejor aún, confía en Dios; tus barreras pueden ser derribadas. Una vez que experimentes la victoria al buscar al Señor a través del ayuno, te preguntarás cómo has podido vivir sin participar periódicamente en esta disciplina. El potencial latente aflorará, y te encontrarás avanzando hacia nuevas dimensiones espirituales que antes creías imposibles.

En 1953, seis años después del famoso vuelo que rompió la barrera invisible del sonido, Chuck Yeager estableció otro récord volando a dos veces y media la velocidad del sonido. Un avance lo preparó para mayores avances en el futuro.

Ayunar para avanzar está diseñado para ser inspirador e instructivo. Mi deseo ha sido animarte y ayudarte de manera práctica para romper barreras espirituales y derrotar el reino de las tinieblas. No he intentado escribir un volumen exhaustivo sobre el ayuno. Los aspectos prácticos de esta disciplina espiritual solo han sido expuestos rápidamente en algunos de los capítulos. Hay mucha más información disponible. Se recomiendan varias obras excelentes sobre este tema en la lista de lectura adicional sobre el ayuno. Por favor, continúa leyendo sobre el ayuno así como sobre las otras disciplinas espirituales. Que Dios use todo esto para despertar tu apetito por Él.

Al escribir un libro como este, puede ser muy fácil exagerar ciertos puntos. Sin duda, he caído en algo de eso. No, no creo que el ayuno cure todos los males de la iglesia actual. Solamente Jesús, nuestro gran médico, podrá hacer eso. Tampoco creo que el ayuno sea la única disciplina viable para acercarnos al Señor. Hay muchos pasos importantes hacia el discipulado íntimo, incluyendo la oración, la meditación, el servicio, la asistencia a la iglesia, la lectura de la Escritura y la participación del bautismo y la Santa Cena, por nombrar algunos. Me he centrado en este tema porque estoy convencido de que nuestra falta de participación en el ayuno limita nuestra efectividad para alcanzar a esta generación para Cristo. Millones de cristianos también carecen de una parte maravillosa y gratificante de su caminar con Dios al excluir el ayuno de su dieta espiritual.

Como mencioné anteriormente, has estado aprendiendo de un compañero alumno y compañero de viaje. En mi esfuerzo por ser vulnerable y abierto, he compartido numerosas experiencias personales contigo. Todos esos incidentes e ideas privadas han sido subjetivamente marcados por mi humanidad. Confío en que los recibirás de esta manera.

Finalmente, mi oración es que algo de lo que he comunicado te ayude a descubrir una intimidad con Jesús más estrecha de la que jamás hayas conocido. Si nunca has participado en un ayuno, oro para que Dios te dé el valor para intentarlo. Si has buscado al Señor en ayuno, oro para que el Espíritu Santo te impulse a un nuevo grado de efectividad espiritual.

El mundo está perdido; el Señor viene; la iglesia necesita un profundo avivamiento, y nuestros corazones siguen hambrientos de su presencia. Gracias por unirte a mí en este continuo viaje de *Ayunar para avanzar*.

—Dr. Billy Wilson

Notas

Capítulo 1

1 Finney, C. G. (2006). *The Original Memoirs of Charles G. Finney* (H. Wessel, Ed.). Bethany House. (Obra original publicada en 1876)

2 Duewel, W. L. (1995). *Revival Fire*. Zondervan.

3 Hall, F. (1954). *The Fasting Prayer*. Franklin Hall Publisher.

4 Chatham, R. D. (1987). *Fasting: A Biblical Historical Study*. Bridge Publishing Inc.

5 Chatham, R. D. (1987). *Fasting: A Biblical Historical Study*. Bridge Publishing Inc.

6 Foster, R.J. (1978). *Celebration of Discipline*. Harper & Row.

7 Friedman, R. (Ed.). (1998). *The LIFE Millennium: The 100 Most Important Events and People of the Past 1,000 Years*. Little, Brown & Company.

8 Hall, F. (1954). *The Fasting Prayer*. Franklin Hall Publisher.

9 Hall, F. (1954). *The Fasting Prayer*. Franklin Hall Publisher.

10 Roberts, O. (1948). *How to Receive and Keep Your Healing*. Healing Waters.

11 Liptak, A. (2022, June 24). "In 6-to-3 ruling, Supreme Court ends nearly 50 years of abortion rights." *The New York Times*. https://www.nytimes.com/2022/06/24/us/roe-wade -overturned-supreme-court.html

12 Hall, F. (1954). *The Fasting Prayer*. Franklin Hall Publisher.

Capítulo 2

1 Carter, J. (Ed.). (2016). *NIV Lifehacks Bible: Practical Tools for Successful Spiritual Habits*. Zondervan.

2 Word Population Review. (n.d.). Chimbote population 2023. Retrieved July 21, 2023, from https://worldpopulationreview.com/world-cities/chimbote-population

3 The Editors of *Encyclopaedia Britannica* (n.d.). Chimbote. In Encyclopaedia Britannica. Retrieved June 9, 2023, from https://www.britannica.com/place/Chimbote

4 Chatham, R. D. (1987). *Fasting: A Biblical Historical Study*. Bridge Publishing Inc.

5 Nylund, J. (2016). Straight Street (in Damascus). In J. D. Barry (Ed.). The Lexham Bible Dictionary. Lexham Press.

6 Wilson, B. (2023). *El poder de uno*. ORU Press.

7 Spence-Jones, H., & J. S. Exell (Eds.). (1983). *The Complete Pulpit Commentary: The Gospel According to Mark (Vol. 2)*. Eerdmans.

8 Bullock, C. H. (1986). *An Introduction to the Old Testament Prophetic Books*. Moody Press.

9 Bounds, E.M. (2020). *Power Through Prayer*. Darolt Books.

10 Para más información o firmar el compromiso Everyone 2033 Commitment, ve a: https://2033.earth/

11 Njagi, D. (2020, August 7). "The biblical locust plagues of 2020." BBC. https://www.bbc.com/future/article/20200806-the-biblical-east-african-locust-plagues-of-2020

12 The Editors of *Encyclopaedia Britannica* (n.d.). Locust. In Encyclopaedia Britannica. Retrieved May 2, 2023, from https://www.britannica.com/animal/locust-insect

13 Lanham, U. (1985). "Locust." *The World Book Encyclopedia*. World Book.

14 Johnson, T., & Zurlo, G. (2023). *Introducing Spirit-Empowered Christianity*. ORU Press.

15 Pew Research Center. (2022, September 13). "How U.S. religious composition has changed in recent decades." https://www.pewresearch.org/religion/2022/09/13/how-u-s-religious-composition-has-changed-in-recent-decades/#fn-38127-6

16 Glendenning, B., Turner, G., & Booth, L. (2004, August 24). "Olympics: As it Happens." *The Guardian*. https://www.theguardian.com/sport/2004/aug/24/athensolympics2004.olympicgames15.

17 Baruffati, A. (2023, March 20). "Workplace Distractions Statistics: All you Need to Know." Gitnux Market Data. https://blog.gitnux.com/workplace-distractions-statistics

18 Griffey, H. (2018, October 14). "The Lost Art of Concentration: Being Distracted in a Digital World." *The Guardian*. https://www.theguardian.com/lifeandstyle/2018/oct/14/the-lost-art-of-concentration-being-distracted-in-a-digital-world

19 Bieber, C. (n.d.). "Distracted Driving Statistics and Facts in 2023. *Forbes*. https://www.forbes.com/advisor/legal/auto-accident/distracted-driving-statistics/#:~:text=Cell%20Phone%20Usage%20While%20Driving

20 Wiedeman, R. (2012, July 23). "Dealing with Olympic Failure." *The New Yorker*. https://www.newyorker.com/sports/sporting-scene/dealing-with-olympic-failure

Capítulo 3

1 Towns, E. L. (2014). *Fasting for Spiritual Breakthrough*. Bethany House. (Obra original publicada en 1996).

2 Tucker, R. (2019, September 6). "How 'Friends' went from 'bad reviews' to global phenomenon." *New York Post*. https://nypost.com/2019/09/05/how-friends-went-from-bad-reviews-to-global-phenomenon/.

3 Napoli, J. (2020, June 9). "How much money the 'Friends' cast has made." *Fox Business*. https://www.foxbusiness.com/media/friends-cast-salary

4 PBS NewsHour Weekend. (2023, January 8). "Why Americans are lonelier and its effects on our health." PBS. https://www.pbs.org/newshour/show/why-americans-are-lonelier-and-its-effects-on-our-health.

5 Pew Research Center. (2022, September 13). "How U.S. religious composition has changed in recent decades." https://www.pewresearch.org/religion/2022/09/13/how-u-s-religious-composition-has-changed-in-recent-decades/#fn-38127-6.

6 Pew Research Center. (2022, September 13). "Modeling the future of religion in America." https://www.pewresearch.org/religion/2022/09/13/modeling-the-future-of-religion-in-america/

7 Pew Research Center. (2022, September 13). "How U.S. religious composition has changed in recent decades." https://www.pewresearch.org/religion/2022/09/13/how-u-s-religious-composition-has-changed-in-recent-decades/#fn-38127-6.

8 Barna Group. (n.d.). "A new chapter in millennial church attendance." https://www.barna.com/research/church-attendance-2022/.

9 Earls, A. (2022, January 5). "22 Vital Stats for Ministry in 2022." Lifeway Research. https://research.lifeway.com /2022/01/05/22-vital-stats-for-ministry-in-2022/

10 Wilson, B. (2021). *Generation Z: Born for the Storm*. Forefront Books.

11 Ver Génesis 28.

Capítulo 4

1 Wagner, C. P. (2009). *Warfare Prayer: What the Bible Says About Spiritual Warfare*. Destiny Image Publishers.

2 Rogers, E. N. (1976). *Fasting: The Phenomenon of Self-Denial*. Thomas Nelson.

3 Smithsonian American Art Museum. (n.d.) "Cesar Chavez and the Organized Labor Movement." https://americanexperience.si.edu/wp-content/uploads/2015/02/Ceasar-Chavez-and-the-Organized-Labor-Movement.pdf.

4 Cook, B. (2018, October 5). "Six Facts About Suffragette Hunger Strikes." Museum of London. https://www.museumoflondon.org.uk/discover/six-things-you-didnt-know-about-suffrag-ette-hunger-strikes.

5 Ver Mateo 6:16-18.

6 Maloney, G. A. (1974). *A Return to Fasting*. Dove Publications.

7 World Vision. (n.d.). "30 hour famine." https://30hourfamine.worldvision.org/.

8 Ver Marcos 1:9-13; Mateo 3:13-4:11; Lucas 3:21-4:14.

9 Barclay, W. (1975). *The Gospel of Luke* (rev. ed.). Westminster John Knox Press.

10 Ver Isaías 14.

11 Philpot, J. C. (1853) Pride. Retrieved July 27, 2023, from https://www.biblebb.com/files /philpot/pride.htm.

12 Bonnke, R. (1990). *Evangelism by Fire: Igniting Your Passion for the Lost.* W Pub Group.

13 Yeats, W. B. (1904). "The king's threshold: And on Baile's strand." Being volume three of plays for an Irish theatre. Chiswick Press.

14 Joyner, R. (1993). *The World Aflame.* Whitaker House.

15 Shaw, S. B. (1905). "The Great Revival in Wales, also an account of the great revival in Ireland in 1859." S.B. Shaw.

Capítulo 5

1 Murray, A. (n.d.) "Separated unto the Holy Ghost." Blue Letter Bible. Retrieved October 12, 2023, from https://www.blueletterbible.org/Comm/murray_andrew/surrender /surrender03.cfm.

2 Hindu American Foundation, (n.d.). "HAF guide to Hindu holidays, festivals, and other Dharmic days." https://www.hinduamerican.org/hindu-holidays-guide

3 Irons, E. A. (2016). *Encyclopedia of Buddhism,* (2nd ed.). Facts on File.

4 The Editors of *Encyclopaedia Britannica.* (n.d.). Ramadan. In Encyclopaedia Britannica. Retrieved October 12, 2023, from https://www.britannica.com/topic/Ramadan

5 History.com Editors. (2023, September 26). "Yom Kippur: History." https://www.history. com/topics/holidays/yom-kippur-history.

6 Chatham, R. D. (1987). *Fasting: A Biblical Historical Study.* Bridge Publishing Inc.

7 Allen G. C. (Trans.). (1903). *The Didache: Or The teaching of the Twelve Apostles.* Astolat Press.

8 Chatham, R. D. (1987). *Fasting: A Biblical Historical Study.* Bridge Publishing Inc.

9 Vine, W. E. (1952). *An Expository Dictionary of New Testament Words*: With Their Precise Meaning for English Readers. Royal.

10 Elliot, E. (1982). *Discipline: The Glad Surrender.* Revell Co.

11 Hillyer, N. (1980). *The Illustrated Bible Dictionary* (Vol. 3). Tyndale.

12 Mayo Clinic Staff. (2020, October 12). "Water: How much should you drink every day?" Mayo Clinic. https://www.mayoclinic.org/healthy-lifestyle/nutrition-and-healthy-eating /in-depth/water/art-20044256.

13 Del Evangelio de Juan, Jesús declara "Yo soy" siete veces, cada una haciendo eco de la primera declaración "Yo soy", por la cual Dios se identificó a Moisés (Éxodo 3:14):

Evangelio de Juan: (1) el Pan de Vida, 6:35; (2) la Luz del Mundo, 8:12; (3) la Puerta de las Ovejas, 10:7; (4) el Buen Pastor, 10:14; (5) la Resurrección y la Vida, 11:25; (6) el Camino, la Verdad y la Vida, 14:16; (7) la Vid Verdadera, 15:1.

14 Morgan, R. J. (2000). *Nelson's Complete Book of Stories, Illustrations, and Quotes*. Thomas Nelson.

Capítulo 6

1 Foster, R.J. (1978). *Celebration of Discipline*. Harper & Row.

2 Sanvictores, T., Casale, J., & Huecker, M. R. (2022, July 25). "Physiology, fasting." National Library of Medicine, National Center for Biotechnology Information. https://www.ncbi.nlm.nih.gov/books/NBK534877/#:~ :text=Fasting%20is%20dependent%20on%20 three.

3 Vasim, I., Majeed, C. N., & DeBoer, M. D. (2022, January 31). "Intermittent fasting and metabolic health." *Nutrients*, 14(3), Article 631. https://doi.org/10.3390/nu14030631.

4 Ancient Egyptian Proverb. (n.d.). Goodreads. Retrieved July 27, 2023, from https://www.goodreads.com/quotes/9362172-one-quarter-of-what-you-eat-keeps-you-alive-the.

5 Wilhelmi de Toledo, F., Grundler, F., Bergouignan, A., Drinda, S., & Michalsen, A. (2019). "Safety, health improvement and well-being during a 4 to 21-day fasting period in an observational study including 1422 subjects." PLOS ONE, 14(1), Article e0209353. https://doi.org/10.1371/journal.pone.0209353.

6 *Idem.*

7 Wang, X., Yang, Q., Liao, Q., Li, M., Zhang, P., Santos, H. O., Kord-Varkaneh, H., & Abshirini, M. (2020). "Effects of intermittent fasting diets on plasma concentrations of inflammatory biomarkers: A systematic review and metaanalysis of randomized controlled trials." *Nutrition*, 79, Article 110974. https://doi.org/10.1016/j.nut.2020.110974.

8 Nakamura S, Hisamura R, Shimoda S, Shibuya I, Tsubota K. (2014). "Fasting mitigates immediate hypersensitivity: a pivotal role of endogenous D-beta-hydroxybutyrate." *Nutrition & Metabolism*, 11(1), Article 40. https://doi.org/10.1186/1743-7075-11-40.

9 ClinicalTrials.gov. (2019, December). "Intermittent fasting as a means to lose fluid overload and weight in complicated obesity." U.S. National Library of Medicine, National Institutes of Health. https://classic.clinicaltrials.gov/ct2/show/NCT04193995.

10 Grundler, F., Mesnage, R., Michalsen, A., & Wilhelmi de Toledo, F. (2020). "Blood pressure changes in 1610 subjects with and without antihypertensive medication during long-term fasting." *Journal of the American Heart Association*, 9(23), Article e018649. https://doi.org/10.1161/JAHA.120.018649.

11 Wilhelmi de Toledo, F., Grundler, F., Bergouignan, A., Drinda, S., & Michalsen, A. (2019). "Safety, health improvement and well-being during a 4 to 21-day fasting period in an observational study including 1422 subjects." PLOS ONE, 14(1), Article e0209353. https://doi.org/10.1371/journal.pone.0209353.

12 Maloh J., Wei, M., Hsu, W. C., Caputo, S., Afzal, N., & Sivamani, R. K. (2023). "The effects of a fasting mimicking diet on skin hydration, skin texture, and skin assessment: A randomized controlled trial." *J Clin Med*, 12(5), Article 1710. https://doi.org/10.3390/jcm12051710.

13 Key, A. P., (n.d.). "What is acetone breath, and is it tied to diabetes?" *WebMD*. https://www.webmd.com/diabetes/acetone-breath-diabetes.

14 Centers for Disease Control and Prevention. (2022, April 21). "Chemicals that can contaminate tap water." https://www.cdc.gov/healthywater/drinking/contamination/chemicals.html.

15 Chatamra, K., Daniel, P. M., & Lam, D. K. (1984) "The effects of fasting on core temperature, blood glucose and body and organ weights in rats." *Quarterly Journal of Experimental Physiology*, 69(3), 541-545.

16 Visolio, F., Mucignat-Caretta, C., Anile, F., & Panaite, S. (2022). "Traditional and medical applications of fasting." *Nutrients*, 14(30), Article 433. https://doi.org/10.3390/nu14030433.

17 Manfred, J. M., Enderle, J., Pourhassan, M., Braun, W., Eggeling, B., Lagerpusch, M., Glüer, C., Kehayias, J. J., Kiosz, D., & Bosy-Westphal, A. (2015). "Metabolic adaptation to caloric restriction and subsequent refeeding: the Minnesota Starvation Experiment revisited." *The American Journal of Clinical Nutrition*, 102(4), 807-819. https://doi.org/10.3945/ajcn.115.109173

18 Manfred, J. M., Enderle, J., Pourhassan, M., Braun, W., Eggeling, B., Lagerpusch, M., Glüer, C., Kehayias, J. J., Kiosz, D., & Bosy-Westphal, A. (2015). "Metabolic adaptation to caloric restriction and subsequent refeeding: the Minnesota Starvation Experiment revisited." *The American Journal of Clinical Nutrition*, 102(4), 807-819. https://doi.org/10.3945/ajcn.115.109173.

Capítulo 7

1 Wesley, J. (1872), "Upon our Lord's Sermon on the Mount 7", Sermon 27. (T. Jackson, Ed.). Retrieved from https://www.resourceumc.org/en/content/sermon-27-upon-our-lords-sermon-on-the-mount-7.

2 Douglas, J. (1980). *The Illustrated Bible Dictionary (Vol. 1)*. Tyndale House.

3 Orr, J. Nuelsen, J. L., Mullins, E. Y. (1994). *The International Standard Bible Encyclopedia.* Hendrickson Publishers.

4 Wesley, J. In Ratcliffe, S. (Ed.), "Oxford Essential Quotations," Oxford University Press. Retrieved December 5, 2023, from https://www.oxfordreference.com/view/10.1093/acref/9780191843730.001.0001/q-oro-ed5-00011419.

5 Luther, M. (1960). "Luther's Works: Career of the Reformer IV" (Vol. 34) (H. T. Lehmann & L. W. Spitz, Eds.). Fortress Press.

6 Bailey, L. (2017, November 6). "The night Billy Graham was born again." Billy Graham Evangelistic Association. https://billygraham.org/story/the-night-billy-graham-was-born-again/.

7 Roberts, O. (2008). "The Ultimate Voice." Pengold Garrett & Associates.

8 Youth with a Mission (n.d.) "Our founders." https://ywam.org/about-us/our-founders.

9 Ozman, A. N. (1951, April) "Personal testimony of being the first person to receive the Holy Ghost at "Stones Folly" in Topeka, Kansas" (January 1, 1901). *The Apostolic Faith.* https://www.apostolicarchives.com/articles/article/8801925/173171.htm.

10 Revival Library (n.d.). "Evan Roberts' Testimony 1878-1951." Retrieved July 28, 2023, from https://www.revival-library.org/revival_heroes/20th_century/roberts_evan_testimony. shtml.

11 *The New Strong's Exhaustive Concordance of the Bible.* (n.d.). H3383—*yardēn*. Blue Letter Bible. Retrieved July 27, 2023, from https://www.blueletterbible.org/lexicon/h3383/net/wlc/0-1/.

12 Mannion, A. (2008). "Jordan River." In P. N. Stearns (Ed.), *The Oxford Encyclopedia of the Modern World.* Oxford University Press. https://www.oxfordreference.com/view/10.1093/acref/9780195176322.001.0001/acref-9780195176322-e-835.

13 Morgan, R. J. (2000). *Nelson's Complete Book of Stories, Illustrations, and Quotes.* Thomas Nelson.

14 Christian History Institute. (n.d.) "Blaming the victim–1856." https://christianhistoryinstitute.org/dailyquote/10/20.

15 Amundsen, D. W. (1991). "The anguish and agonies of Charles Spurgeon." *Christian History Magazine,* 29. https://christianhistoryinstitute.org/magazine/article/anguish-and-agonies-of-charles-spurgeon.

16 Christianity.com (2010, April 28). "Spurgeon's service at Surrey Gardens." https://www.christianity.com/church/church-history/timeline/1801-1900/spurgeons-service-at-surrey-gardens-11630503.html#:~:text=Seven%20died%20and%20others%20were.

17 Hansel, T. (1989). *You Gotta Keep Dancing.* Vintage.

18 Bartleman, F. (1985). *Witness to Pentecost: The Life of Frank Bartleman.* Garland.

Capítulo 8

1 Towns, E. L. (2014). *Fasting for Spiritual Breakthrough: A Guide to Nine Biblical Fasts*. Bethany House Publishers.

2 Hartsfield-Jackson Atlanta International Airport (n.d.). ATL Fact Sheet. Retrieved July 23, 2023, from https://www.atl.com/about-atl/atl-factsheet/.

3 *Idem.*

4 Atlanta Airport (n.d.). "Statistics for Atlanta Airport." Retrieved July 27, 2023, from https://atlairport.net/statistics/#:~:text=Statistics%20for%20Atlanta%20Airport&tex-t=How%20many%20passengers%20use%20Atlanta.

5 Hartsfield-Jackson Atlanta International Airport. (n.d.). ATL fact sheet. Retrieved July 23, 2023, from https://www.atl.com/about-atl/atl-factsheet/.

6 Wilson, B. (2023). *El poder de uno*. ORU Press.

7 United Nations. (2022). "Day of eight billion." https://www.un.org/en/dayof8billion #:~:—text=On%2015%20November%202022%2C%20.

8 The Medindia Content Team. (2022, February 23). "World death clock." Retrieved July 27, 2023 from https://www.medindia.net/patients/calculators/world-death-clock. asp.

9 Center for the Study of Global Christianity. (n.d.). "Status of global Christianity, 2022, in the context of 1900–2050." https://www.gordonconwell.edu/center-for-global-christianity /wp-content/uploads/sites/13/2022/01/Status-of-Global-Christianity-2022.pdf.

10 *Idem.*

11 Johnson, T., & Zurlo, G. (2023). *Introducing Spirit-Empowered Christianity*. ORU Press.

12 *Idem.*

13 Vine, W. E. (1952). *An Expository Dictionary of New Testament Words*. Royal.

14 Ver Juan 15:5.

Conclusión

1 Van der Linden, B. (2022). "Breaking the Sound Barrier: Chuck Yeager and the Bell X." National Air and Space Museum. https://airandspace.si.edu/stories/editorial/break-ing-sound-barrier-75th.

Lecturas recomendadas sobre el ayuno

1. Bright, B. (1995). *The Coming Revival: America's Call to Fast, Pray, and Seek God's Face.* NewLife Publications.

2. Chatham, R. D. (1987). *Fasting: A Biblical Historical Study.* Bridge Publishing, Inc.

3. Desai, Anita. (2000). *Fasting, Feasting.* Chivers Press.

4. Duewel, W. (1995). *Revival Fire.* Zondervan.

5. Floyd, R. W. (1997). *The Power of Prayer and Fasting: 10 Secrets of Spiritual Strength.* Broadman & Holman Publishers.

6. Foster, R. J. (1978). *Celebration of Discipline.* Harper & Row.

7. Franklin, J. (2004). *Fasting: The Private Discipline That Brings Public Reward.* Jentezen Franklin Ministries.

8. Haas, E. M. and Chace, D. (2004). *The New Detox Diet.* Celestial Arts.

9. Hall, F. (1954). *The Fasting Prayer.* Franklin Hall Publisher.

10. MacFadden, B. (1978). *Fasting for Health: A Complete Guide on How, When, and Why to Use the Fasting Cure.* Arco Publishing Co.

11. Maloney, G. A. (1974). *A Return to Fasting.* Dove Publications.

12. Prince, D. (1973). *Shaping History Through Prayer and Fasting: How Christians can Change World Events Through the Simple, yet Powerful Tools of Prayer and Fasting.* Revell Co.

13. Quinley, C. W. (1989). *Not by Bread Alone: A Study in the Christian Discipline of Fasting.* Thesis (D. Min.) Asbury Theological Seminary.

14. Rogers, E. N. (1976). *Fasting: The Phenomenon of Self-Denial.* Thomas Nelson Inc.

15. Smith, D. R. (1969). *Fasting: A Neglected Discipline.* Christian Literature Crusade.

16. Towns, E. L. (2011). *El ayuno de Daniel: Cómo ayunar para obtener victorias espirituales.* Peniel.

17. Wallis, A. (1968). *God's Chosen Fast.* Christian Literature Crusade.

18. Warren, R., Amen, D., & Hyman, M. (2013). *The Daniel Plan: 40 Days to a Healthier Life.* Zondervan.